最強のエンジニア
になるための
話し方の教科書

工学博士・技術士
亀山雅司 著

マネジメント社

まえがき

　エンジニアの皆さん、会話は得意なほうですか？　それとも、どちらかと言えば苦手なほうですか？
　「エンジニアは技術が本業だから、話が下手でも大丈夫」
　もしかしたら、こんなふうに考えていませんか。
　でも、これからの時代、技術力だけでエンジニアは生きていけるのでしょうか。
　いいえ、「技術の価値を伝える」ことができなければ、エンジニアは技術で収入を得て生きていくことはできません。しかし同時に、「情報を論理的に正しく話しても伝わらない」ことを、エンジニアはこれまで痛いほど体験しているのです。
　論理展開に長けていて「話の筋」をきちんと組み立てられるエンジニアが、なぜ会話になると、どうしていいかわからずにお手上げになってしまうのでしょうか。
　実は、気まずい会話、相手を怒らせてしまう会話の95％の内容は問題がないのです。残りのたった5％に問題があるのです。この5％の違いを知り、各人にあった話し方を身につけることで、「会話が変わる」「相手の反応が短時間で変わる」変化が実感できるのです。

　本書では、日本の典型的なエンジニアである田中さん（35歳）を主人公にして話を進めていきます。田中さんは、おそらくエンジニアの90％の方が当てはまっていると思われる、このままでは定年退職後、技術力はあるけれど、会社を離れるとまったく稼げないという象徴的なエンジニアの姿です。
　皆さんは、この田中さんがどういう道を辿っていくのかということを認識することによって、自分自身の未来を変えることができるのです。
　自分のことだとなかなか頑固に直せないことでも、他の人のことだっ

たらすぐ指摘したい気持ちになりますよね。その指摘したい気持ちを自分自身に活かせば、あなた自身のエンジニアとしての未来がまったく変わってくるはずです。

　話し方は、「**技術で生きていくエンジニアが身につけなければならない最初のステップ**」です。
　もし、今は会話が苦手でも、大丈夫！　話し方は変えられますから！

CONTENTS

最強のエンジニアになるための
話し方の教科書

まえがき　*3*

プロローグ ─ エンジニアとして「伝える力」の必要性を知る　*11*

第Ⅰ章
なかなか理解されないエンジニアの話し方「7つの特徴」

❶ 上司の「言ったはず」を否定して、溝を深めてしまう　*23*
　事例　指示されていない内容を指示したはずと怒る上司

❷ 影響がないからと、黙っていた不都合が発覚して信頼を失墜　*27*
　事例　技術的に困難なオーバースペックの解析

❸ 同僚に「クレーム対応が上手だと得ですね！」と褒めたら、「だからお前と話をするのは不愉快だ」と怒りを買った　*30*
　事例　クレームを話題にすると不機嫌になる同僚

❹ 相手を説得しても約束は守られず、そのうえ避けられるようになる　*33*
　事例　了解したのに説明書の改訂を形だけしかやらない担当者

❺ 子どもの将来を思って説教するほど子どもから避けられる　*37*
　事例　約束しても勉強しない長男

❻ ズバリ技術の解決策を提案しても、技術力を認めてもらえない　*39*
　事例　蒸気閉じ込めの案件を解決しても技術力を認めない客先

❼ 「規則だから仕方がない！」と諦めるエンジニアは生き残れない　*42*
　事例　計画が未定のため認可してもらえない工事

❽ 「会話」の努力をしているのに、どうして私ばかりが責められる？　*45*

第Ⅱ章
話し方改革「7つの準備」

❶ 相手が賛同するか反対するかは説明が始まる前に決まっている　*49*
　事例　私の計算のほうが精度が高い！
　　　　相談したいことがあるんだけど

❷「同じ」を伝えて、仲がいい状態をたった30秒で創り出す　*53*
　　事例　私も姫路市出身です
❸自爆する勇気であなたの会話に安心感を創り出す　*56*
　　事例　私が言うと気まずくなる「お仕事大変ですね」①②
❹自分で気づけない自分を知っておく　*60*
　　ワーク　電車で席を譲る
❺「ステキですね！」で実践力を身に付ける　*62*
　　ワーク　コンビニで店員さんを笑顔にする
❻「何が正しい」の代わりに双方満足な合意を見つける　*65*
　　事例　禁煙ルームを要求する（論争）
　　　　　禁煙ルームへの変更をホテルにお願いする（解決）
　　　　　ホテルに連絡なしの不泊をしてしまった事態の解決
❼「笑顔」「姿勢」「頷き」「視線」であなたの周りに人を引き寄せる　*69*

第Ⅲ章
話すための「聞く」

❶「南極は南だから暖かい」に同意できれば「聞く」ができる！　*75*
　　事例　南極は南のほうだから暖かいですよね！
　　　　　計算結果はより安全側になる最大値を採用すればいい？
❷会話が得意でないエンジニアは相手の気持ちを推測するのをやめる　*80*
　　事例　日本最古の鉄道トンネルに行きたいでしょう？
❸「楽しかったこと」「何をしてみたいか」を聞けば、宇宙人とだって話せる　*82*
　　事例　鉄道で、最近いちばん楽しかった出来事は何ですか？
❹大きな的からピンポイントの的へ絞れば「聞く」を外さない　*85*
　　事例　何を悩んでいるのかわからない人への質問
❺行き詰まったら、解決までの時間を一瞬で半減してくれる「もし」「仮に」で聞く　*89*
　　事例　「屋外の工事の工程を短くする」打ち合わせ
　　　　　穴の開いた大型容器の溶接修理方法

❻モチベーションが上がる、能力が上がる「なぜ」の聞き方　*92*
　　事例　なぜ、期限どおりに資料を提出できたんですか？
　　　　　なぜ、言われないのに家事を手伝っているの？
❼「自分の意見」を「相手の意見」になるように聞く　*95*
　　事例　基準値を満たせばギリギリの値でも合格？①②
　　　　　安くなってますからペンを買いませんか？①②

第Ⅳ章
話し方改革の戦略化

❶会話の目的を明確にして一瞬で成果を出す　*101*
　　事例　指示されていない内容を指示したはずと怒る上司（目的設定）
❷会話のPDCA（Plan・Do・Check・Action）戦略　*106*
　　事例　技術開発が好きな同僚
❸意見のない相手の意見を創って、一瞬で合意する戦略　*109*
　　事例　毎回指示が変わる自分の意見がない上司
　　　　　修正後の再度の修正
　　　　　意見を創って了解をもらう
❹チームの一致団結で目的を達成する「価値観不統一の戦略」　*114*
　　事例　プロジェクトに協力する理由（価値観の衝突）
　　　　　プロジェクトに協力する理由（価値観の尊重）
　　　　　家族それぞれの北海道に旅行する理由
❺正直に伝えながら欠点が目立たない「情報の形容詞化戦略」　*117*
　　事例　ポンプの性能を形容詞化して説明
❻アンラッキーを話し方ひとつでチャンスに変える戦略　*120*
　　事例　受講生に突然さえぎられた市民講座
　　　　　約束の時間に遅れた取引先
　　　　　部品にひびが入った製品の強度評価
　　　　　解答用紙を1枚見逃した長男の模擬試験
❼話し方を楽しんで身に付ける「ゲーム化戦略」　*125*
　　事例　環境を無視したコスト最優先の提案
　　　　　雨の家族旅行を忘れられない思い出に変える作戦
　　　　　ルール変更でつまらなくなったゴルフ
　　　　　不適合を数えて企業活動の品質を上げる
　　　　　適合を数えて品質保証活動を楽しむ

第Ⅴ章
エンジニアの話し方はこう変わる！

❶部長との対立が深まり、何度も修正を指示されていた資料の修正が、
　1回で完了　*133*
　　事例 指示されていない内容を指示したはずと怒る上司を味方に
❷「解析は不可能です」と正直に伝えて了解してもらう　*139*
　　事例 技術的に困難なオーバースペックの解析を取り下げてもらう
❸「お前と話をするのは不愉快だ」と話を避けられていた同僚と談笑　*142*
　　事例 クレームを話題にすると不機嫌になる同僚を笑顔に
❹説得しても仕事をしてくれなかった同僚の協力を得る　*146*
　　事例 了解したのに説明書の改訂を形だけしかやらない担当者を動かす
❺説教しても勉強しなかった子どもが自分で勉強を始める　*150*
　　事例 約束しても勉強しなかった長男が勉強を始める
❻新しい技術の提案で協力者を得る　*154*
　　事例 懸案事項を解決しても技術力を認めない客先を味方にする
❼ルールでは許可されない技術の申請を可能にする　*159*
　　事例 計画が未定のため認可してもらえない工事を認可してもらう

エピローグ ── ラポール（伝える力）×技術力＝最強のエンジニア！　*163*

あとがき　*177*

プロローグ

エンジニアとして 「伝える力」の 必要性を知る

エンジニアに不可欠な「伝える力」

　エンジニアは「技術」の専門家です。では、「技術」を究めていれば他のスキルは必要ないのでしょうか？

　私は、激動の時代にエンジニアが生き残っていくためには、この「技術力」に加えて、いや、「技術力」以上に「伝える力」がとても重要なスキルになると思っています。本書の目的もそこにあります。

　プロジェクト・マネジャーは仕事の90％がコミュニケーションだと言われています。プロジェクト・マネジャーは、プロジェクト・メンバーをはじめ、上部組織、発注者、外注者、ステークホルダーや専門家などの関係者に業務を説明し、納得してもらう必要があります。トラブルやスケジュールに変更があるときなどは、そのつど関係者と合意する必要があるからです。

　では、プロジェクト・マネジャーだけにコミュニケーション能力があればいいのかというと、そうではありません。

　もし、あなたが素晴らしい製品を発明しても、その製品が世の中に出なかったとしたら？　技術は世の役に立ってこそ意味があると考えるならば、あなたの製品は発明されなかったのと同じことです。

　同様にエンジニアも、技術的能力が高くても、その成果を関係者や世の中に伝えることができなければ存在していないのと同じです。

　多くのエンジニアは技術力ばかり向上させていますが、仮に技術力が200％（2倍）になっても、「伝える力」がゼロなら、

　技術力（200％）×　伝える力（0）＝　真のパフォーマンス（0）
なのです。

　多くのエンジニアは高い技術力をさらに伸ばそうとし、低いレベルにとどまっている「伝える力」にあまり注意を払っていません。でも、もし逆に技術力ではなくて「伝える力」を強化するなら、少ない努力でエンジニアとしての価値を発揮しやすいのです。

そして、本当の問題はここからです。

エンジニアの多くは「話し方が危機的な状況にあって、将来エンジニアとして活躍できない状態が進行していても自覚がない」のです。「私は伝える力は大丈夫」と思う方、「自分は大丈夫かな」と思う方は次のチェックリストに答えてみてください。

〈エンジニアの伝える力チェックリスト〉

Ⅰ.自己評価	
☐	知らない人に挨拶されても声を出して返事しないことがある
☐	会話の最中に相手の目を見つめ続けることができない
☐	鏡を見るのが好きではない
☐	録音された自分の声をあまり聴きたくない
☐	会話中に笑顔でいることが少ない
☐	背筋がピンと伸びた姿勢でない
☐	相手に問題がある場合でも、誤解が解けるように説明できないことがある
☐	「楽しそうにしているね」と同僚に言われることがない

Ⅱ.話し方の基礎能力	
☐	会話の話題が見つからずに沈黙することがある
☐	会話中に相手が不機嫌になることがある
☐	相手に反論されるのが嫌だ
☐	会話中に相手の気持ちを読み間違えることがある
☐	説得しても約束を守ってもらえないことがある
☐	家族と親密な話をしていない
☐	自分が正しいことをわかってもらえないことがある
☐	会話に苦痛を感じることがある

Ⅲ. 出来事の捉え方	
☐	人生が短期間で大きく開けることはないと感じている
☐	将来は明るい出来事より暗い出来事が多いと感じる
☐	会話でもめた場合、自分が加害者になるより被害者のことが多い
☐	解決できないことは仕方がないと思う
☐	計画どおりにいかないことが多い
☐	不意の出来事はラッキーよりアンラッキーなことが多い
☐	想定外の出来事が起こってほしくないときに起こることがある
☐	5年後の自分の成果が想像できない

　Ⅰは自己評価、Ⅱは話し方の基礎能力、Ⅲは出来事の捉え方です。
　いくつ該当しましたか？　もし、どれかのカテゴリーで4つ以上チェックがついた場合は、このまま放置してしまうと、あなたはやがてエンジニアとして生きていくのがむずかしい未来に向かっている状態です。
　では、ほとんどチェックがつかなかった人は大丈夫かといえばそうとも言えません。なぜなら、自分の話し方が問題であることすらわからない人は、チェックがあまりつかないのです。
　「自分はそれほど話し方が上手ではないのだけれど、あまりチェックがつかない」という人は、今一度、日常のシーンを思い出しながらチェックしてください。
　一方、そんなことはない、自分は理路整然と技術の妥当性、正しさを説明できる。技術士試験にも合格しているし、博士論文も出せた。そういう人もいるかもしれません。いわゆる「弁が立つ」人です。
　でも、それではダメなのです。
　本書を読み進めるとわかりますが、**「弁が立つ」ことと「伝える力」はまったく別物**だからです。

エンジニアの話し方の特徴を知る

なぜ、理路整然と話すことができてもダメなのか。

そこには、エンジニアの話し方に特有の事情があります。

エンジニアの話し方は、**正しい意見を認めてもらうための会話**です。会話の目的は、相手の意見をおさえ、いかに自分の正しい主張を通すかにあります。

そのため、**会話は相手との戦い**であり、**会話は最初から対立**しています。

ところが、エンジニア本人は「単に正しいことを正しいと言っているだけ」「技術は答えが1つだから他に伝え方はない」と考えており、相手を攻撃し、傷つけ、怒らせているという自覚がありません。

このような状態で、本やインターネットで入手できる話し方のスキルを手に入れると、どうなるでしょうか？

会話の攻撃力が増して、余計に相手を傷つけ、ますます対立の溝を深める話し方になっていくのです。

高度な技術資格を取得した場合も、同じように攻撃力が増して、対立と孤立を深める結果になります。「**資格を取ったら対立が増えた**」という経験がある人は多いと思います。

ではどうすればいいでしょうか？

攻撃をする話し方をやめて、「**共に解決を目指す話し方にすればいい**」が1つの答えです。しかし、そう聞いただけで実行するのは困難です。実践できるまでの、具体的な方法が必要なのです。

ラポールというコミュニケーション・スキル

「**出会って30秒で仲間のように話せるようになる**」というコミュニケーション・スキル —— ここで本書の大前提となる「**ラポール**」について少し詳しくお話します。

皆さんは「会話の内容を通じて相手を信頼し、本音を話せる状態になる」と考えていませんか？　そのために会話に時間をかけ、会話の内容を工夫している人も大勢いるのではないでしょうか？
　ところが「相手を信頼して本音を話せる状態になる」のは、必ずしも会話の内容によらないのです。
　実は「**最初に相手を信頼して本音を話せる状態になってから、会話の内容を伝える**」ことができるのです。
　そんなバカなと思うかもしれませんが、その鍵を握るのが「ラポール」です。
　ラポールは、臨床心理学で用いられる用語で「心のかけ橋」という概念です。セラピストとクライアント（来談者）間の相互信頼の関係を表す言葉です。
　カウンセリングは「本当（ありのまま）の状態」をセラピストとクライアントが共有できることが大前提です。本当ではない状態を前提に事態を改善する方策を立てても効果がないからです。
　ですから「どんなことでも打ち明けられる」「本音で話ができる」状態を創り出すラポールは、カウンセリングでは欠くことができないスキルの1つです。「本当の状態」に対して対策を立てなければ成果が出ないのは、カウンセリングに限らず、エンジニアを含めてすべてのコミュニケーションに共通するものです。
　どのようにしてラポールを創り出すのかを次章以下で具体的に説明しますが、概要を先にご紹介すると下記になります。

- 会話の最初に特定の言葉を置くだけでラポールが創り出せます。必要な時間は30秒程度です。
- 決断に関係するなど深い信頼は、より深いラポールが必要です。話す側が完全に自分を守らない状態になることで、深いラポールを創り出せます。

普遍性のあるメソッドを事例のなかから読み取る

　皆さんのために役に立つ答えは、私の実体験にあります。
　恥ずかしながら、私自身もかなりひどい攻撃型の話し方の持ち主だったのです。
　私は5歳からエンジニアを目指し、理系一筋で技術系の大学院を修了して、仕事のかたわら40歳で工学博士を取得し、その2年後に技術士（原子力・放射線）に合格しました。
　仕事は発電設備の金属材料や設備の構造設計に携わる技術が専門で、原子燃料再処理施設、原子炉炉内構造物の保全技術、原子炉圧力障壁の緊急補修工事など国内初の技術の認可を取得してきました。
　その頃の私は、相手を攻撃し、ねじ伏せる最悪の話し方をしていました。技術的な論争で負けたことがないと自負していました。
　しかし、やがて相手を論破した先にある虚しい状態に陥り、技術力だけの延長線上には本当の解答はないということを身をもって知ることになりました。
　そこで、2011年から専門学校や、時には海外に研修に出かけるなど、自由になる時間と労力をほぼ全部費やし、ようやく本書で皆さんにご紹介できる「話し方」を身に付けることができました。
　その方法（仮に亀山メソッドとしましょう）を使うことで、仕事では、例えば、技術的な見解が異なる相手とも「**言いたいことを我慢したりせずに、お互いが満足する着地点を見つけ出すことができる**」ようになりました。
　言いたいことを言っていたら喧嘩になる、というのは多くの人が経験してこられたことと思いますが、喧嘩にならない会話の視点の持ち方、発言の仕方があるのです。
　我慢は美徳のように見えても、実は「**自分や相手に嘘をついている**」状態です。一時はしのげても恒久的な解決にならないのです。

また、日常生活では、あなたの一言で初めて会う人を笑顔にできたり、家庭では、子どもが自分から勉強を始めるなどの変化が起こります。
　私は、仕事はもちろん大切ですが、エンジニアが幸せに生活できることをとても大切だと考えており、同じ原理で仕事も家庭も上手くいくメソッドに意味があると考えているのです。
　もちろん、このメソッドは、私以外の人にも再現性がなくては意味がありません。
　そこで、講演や研修のほか、定期開催の話し方教室や3か月集中のブートキャンプ（研修プログラム）を開催して、実践の効果を確認してきました。
　例えば、初めて話し方の3時間研修を受けた人の実施前後の比較です（2018年4月　3時間技術士会研修、サンプル数18）。

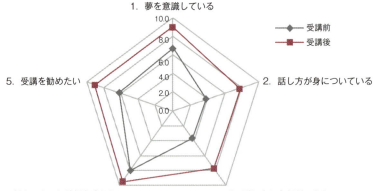

　3か月のブートキャンプは実施後の評価がほぼ満点になってしまうので、いくつか感想をご紹介します。また、エピローグの末尾に企業研修でのアンケートを参考までに掲載しています。

● **仕事で自然に相手が協力してくれる**
　話し方が変わったおかげで、家庭が笑顔でいっぱいになりました！
　今までは、仕事でも、相手の発言を認めないで、自分の意見が正しい

と思って発言していました。今は、相手の発言から意図を汲み取り、相手が抱えている問題を一緒に解決できています。(38歳：安部智貴さん)

● 反論に動揺せずに楽しめる会議に感動

会議がいつも苦痛でした。話し方の「本質」を習得したおかげで、私の意見に**反論がきても、動揺せずに逆に楽しめる**ようになりました。最初にできたときは泣いてしまうほど感動しました。本当に実践習得してよかった。幸せです！(51歳：中原紀彦さん)

● 「あなたは誰にでも好かれるわよ」と言われるようになった！

長い会社生活のなかで、知らないうちに身にまとってしまった鎧をすっかり脱ぎ捨てることができました。「あなたは誰にでも好かれるわよ」「楽しそう」と初対面の人から言われます。忘れていた心を取り戻せた感動でいっぱいです。(50歳：田代裕二さん)

私は「現実に効果がある」ことにこだわっています。いくらいい知識であっても、**現実を変えられなければ意味がない**からです。

そこで、本書で紹介している事例は関係者が特定できないように編集していますが、紹介している会話はすべて実話に基づいています。

本書の構成

第Ⅰ章では問題になる話し方の事例（7つのケース・スタディ）を、第Ⅱ章では話し方のスキルを学ぶ前の話し方の視点や行動の仕方など基礎になる事項の習得を、第Ⅲ章では会話の話題に困らなくなる聞き方を、第Ⅳ章では解決の合意をするための話の組み立て方を学びます。

そして第Ⅴ章では、第Ⅰ章で問題があった会話がどのように変化するのか、会話のどこに着目して何をカイゼンしたのか、などを改善前と改善後で解説しています。続いてエピローグでは、練習で出会う壁とその

乗り越え方、働き方改革での使い方について説明しています。

結果だけ欲しい人は第Ⅴ章を、原理を理解して応用の幅を広げたい人は、第Ⅰ章から第Ⅳ章、そしてエピローグをあわせて読んで学習していただけるような構成になっています。

まえがきでも触れたように、本書はあるエンジニアの田中さんを主人公にして話を進めていきます。

田中さんは日本に存在するエンジニアの90％が当てはまっている、技術力をつけるほど話し方が原因で対立し、相手を怒らせ、孤立化していく、象徴的なエンジニア（35歳）の姿です。

おもな登場人物は次のとおりです。

田中さん
技術が好きで技術力の向上でスキルアップしていきたいと考えている。部長、同僚との会話がギクシャクすることが増え、自分なりに会話の改善の努力をしているが効果が上がらず困っている。

部長
田中さんの上司。技術職であるが特定の専門家ではない。多くの仕事を抱え、意思疎通を図りやすい部下を望んでいる。

同僚
専門家のキャリアではなく、技術系管理職を目指すエンジニア。

では、田中さんの話し方の例を順に見ていきましょう。

第 I 章

なかなか理解されない エンジニアの話し方 「7つの特徴」

皆さんは技術を開発・改善するとき、最初に何をしますか。問題点の抽出ですね。問題点がわかっていなければ対策は立てられません。話し方も同じです。
　序章のチェックリストで、あなたのコミュニケーションの問題点についてはほぼ把握していただけたと思います。会話を改善するためには「どう話せばよいか」といったハウツーよりも、まず**自分のコミュニケーションにおける問題点を認識し、理解することが重要**なのです。
　もし、あなたがこの章を読み進める過程で「この会話、普通じゃないの？　なにも問題はないのでは？」という状態だとしたら……それは「問題点に気づいていない」のです。このままでは、あなたが会話するごとに、あなたに協力しようと好意的だった関係者が1人、また1人と去っていく状態を止められません。
　以下、いくつかのケーススタディから問題点を抽出していきます。

第 I 章　なかなか理解されないエンジニアの話し方「7 つの特徴」

上司の「言ったはず」を否定して、溝を深めてしまう

　本章では、話し方の問題点の抽出、その問題点を認識することに的を絞って話を進めていくことにします。

　例えば、上司からの指示はなかったのに、プロジェクトの途中で問題を指摘され、「言ったはずだ！」を繰り返される。そのために**何度も修正が続いてプロジェクトの進捗に支障が起きてしまう**。そんな経験はありませんか。

　では、指示がなかったことをきちんと示せば、誤解が解けて問題は解決するのでしょうか。

　どうも現実はそうではないようです。

　なぜ田中さんが窮地に陥ったのか、次のケースから問題点をみていきましょう。

《ケース・スタディ 1》

事例 指示されていない内容を指示したはずと怒る上司

　田中さんは、設備を設置する鋼製の床材について、床材の継ぎ目の接続方法を 2 案作成しました。A 案は「土台から床材は支持のみとし、床材同士を結合しない」もの。B 案（代替案）は「土台から床材を支持するとともに、床材同士をボルト結合する」ものです。設備の重さで床がたわむと、A 案は継ぎ目に段差ができる欠点があり、B 案は継ぎ目が発生しないものの、たわみによる床材の回転モーメントでボルトに大きな応力が発生し、長期的なボルトの健全性が議論になりそうです。

　田中さんが提出していた"支持のみ"の A 案の資料について、「こ

23

れは違う」と部長に呼び出された場面です。

〈問題の発端となった会話〉

部長　田中くん、この資料にはA案がダメになったときの代替案が入ってないじゃないか。

田中　いえ、先週の打合せで代替案は必要ないというお話でした。

部長　それはそうかも知れないけど、確か、そのあと話したはずだ。

田中　聞いていませんが……

部長　そんなはずはない。訂正してくれ。

田中　(正しいのはオレで部長が間違っている。オレは確かに聞いていないのに……)

〈田中さんが失敗したカイゼン〉

田中　(メモをとっていれば、「言った・言わない」でもめなくて済む。ビジネス書にもメモをとれと書いてある。これだ！)

部長　田中くん、この資料にはA案がダメになったときの代替案が入ってないじゃないか。

田中　部長に確認しましたけど、A案の段差は2㎜程度で収まるし、B案はボルト接合の技術が難しいから必要ないとのお話でした。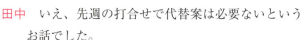

部長　そんなはずはない。

田中　ここに打合せのときのメモがあります。間違いありません。

部長　もうわかった。とにかく、必要なのだから訂正してくれ！

田中　(部長が悪いのに逆切れじゃないか！)

　メモをとったおかげで、ミスは部長が起こしたもので田中さんが悪くないことは証明できました。でも、部長と田中さんの溝はさらに深まり、部長は態度を改める気配がありません。

田中さんの思い（また修正だ。自分が間違っているのを認めない。部長には困ったものだ）はよくわかりますが、上司の「言ったはず」が原因で何度も資料修正が続いてしまうような問題について、皆さんはどこに問題点があると思いますか。直感で答えてください。

> ❶ 部長
> ❷ 田中さん
> ❸ 部長を配置した会社

　答えは、「❷ 田中さん」です。
　「そんなはずないだろう！　問題があるのは、指示していないのに逆切れしている部長じゃないか」と思っているあなた、かなり危険な状態です。知らない間に相手との会話で対立が深まっている状態かもしれません。
　このケーススタディにはエンジニアが陥りやすい「巧妙な罠」が仕掛けられています。上司の指示ミスがはっきりしていると、**「相手のミスを指摘する」**ことや**「上司が正すべき」が当たり前**と考えてしまうのです。これは理屈としてはわかりやすいのです。しかし……。
　私の質問はシンプルです。
　「部長が正すべき」「会社が正すべき」と主張して、これまで問題が解決したでしょうか？
　NOですよね。だったら、消去法的に「田中さん」が解決のキーマンだということがわかります。現時点では違和感があるかもしれません。話し方教室を受講される方も、スタートの時点ではここに違和感を抱く人が多いようです。
　「悪いのは相手だろう？　状況を改善するために正しくないことに目をつぶれというのか！　おかしいじゃないか！」と怒る人もいます。
　でも、理論が明快な技術であっても**理屈と現実が違うと考えられていた例**はたくさんあります。例えば、私たちの生活になくてはならな

い電波。マルコーニの時代は電波で地球の裏側に通信することは不可能だと考えられていました。なぜなら、電波には直進する性質があり、地球は丸いのでその裏側に届くことはありえないからです。

でも、電波は届いています。上空に電波を反射する層（電離層）があり、電波が反射されていることが「事実を究明する過程で」あとからわかったのです。

話し方も同じです。理由がわかった後では「それが当たり前」だと理解できるはずです。

もし、あなたがそれは「上司が正すべきだ」と主張してうまくいっていない現実があるのなら、今回は試しに現実を優先して考えてみませんか —— というのが私の提案です。

読み進めていただければわかりますが、会話をうまく進めるために、正しくないことに目をつぶったり、嘘をつくといった方法をとるわけではありません。少しの間でけっこうです。「これまでの常識と異なる考え方に触れてみてもいい」という人はこのまま読み進めてください。

〈なかなか理解されないエンジニアの特徴〉
☐ 上司の指示ミスを証明して問題を解決しようとする
☐ 指示ミスをしている上司が正すべきと考えている

第 I 章　なかなか理解されないエンジニアの話し方「7つの特徴」

 影響がないからと、黙っていた
不都合が発覚して信頼を失墜

　この例は、約束やルールどおりにできていないけれども、結果に影響がないからかまわないだろうという……エンジニアが陥りやすい判断ミスの事例です。自分で気づくことがむずかしく、気づいたときには取り返しがつかないほど信頼を失墜する事態になってしまいます。

《ケース・スタディ 2》
事例 技術的に困難なオーバースペックの解析
　田中さんは、以前の打ち合わせで、客先から地震時の設備の塑性変形振動挙動について、空気抵抗を考慮した3次元時刻歴で解析したデータを提出するよう要請を受けました。
　しかし、要求を満たせる高度な計算ができるソフトウエアが存在しません。
　地震時の設備の変位は小さく、全体の判断に影響を与えるほどではありません。

〈問題の発端となった会話〉
田中　（要請されていたのに出来上がる見込みがない……解析をしても結論は変わらないし、できれば説明せずに済ませよう）
　　　前回のコメントを反映した資料です。（気づかれなければ黙っておこう）
担当　あれっ、前回お願いした解析が入ってないですよね。（見過ごしたらそのままにするつもりだったのか？）
田中　でも、そこまで厳密な解析は必要ないと思います。変位の絶

27

対量が小さくて全体からすれば影響は軽微です。
担当　大きくても小さくても数値の証明ができないのなら、受け取るわけにはいかない！
田中　（まったく彼には工学のセンスがない。じゃあ、どうすればいいんだ…）

〈田中さんが失敗したカイゼン〉
田中　（事態がややこしくなるから反論するのはやめよう）……
担当　あれっ、前回お願いした解析が入ってないですよね。（見過ごしたらそのままにするつもりだったのか？）
田中　すみません。（とにかくこの場を収めよう）
担当　次回までにはお願いしますよ！
田中　わかりました。（無理なものは無理だ、どうすればいいんだ…）

　結論は変わらないから、指摘されなければ報告をせずに済まそうとしたこの事例について、皆さんはどこに問題点があると思いますか？　直感で答えてください。

❶ 技術のセンスがない客先担当
❷ 田中さん
❸ 担当の暴走をとめない客先の会社

　答えは、「❷ 田中さん」です。
　結果に影響がないからという理由で、目の前の不都合を収めるために嘘をついている自覚がない状態です。嘘はいずれ隠しきれなくなり、事態の解決を先送りして問題を大きくすることになります。
　失敗したカイゼンの事例では、できない約束をするはめになり、抜き差しならない状態に陥ってしまいました。
　私たちは「あるもの」を守ろうとしていると、自分が嘘をついて

もわからなくなるのです。

例えば、2017年に自動車メーカーにおいて、完成検査で無資格者が検査をした状態を放置していたという問題が発生しました。メーカーは技術的には安全上の問題が生じないと説明しましたが、この問題は社会的に大きく取り上げられ、会社の信用を揺るがす事態に発展しました。

田中さんの場合も、自動車メーカーの場合も、「守るもの」が自分になっています。すると、物事に対して自分の都合のいい面しか見なくなり、嘘をついていても自分で気がつかなくなるのです。

なお、この嘘には悪意がなく、「安全に影響がないのは明らかだから会社に迷惑はかからない。だから大丈夫だ」と理屈が通っているので、問題がある行動をしていることに気がつかないのです。だから、いくらコンプライアンスを強化しても、繰り返し発生します。

この問題は話し方のなかでも特に重要で、「**自分を守る発想になっていると、どんなに話し方のスキルを駆使しても、会話のトラブルから逃れることができない**」のです。

振り返ってみましょう。

〈なかなか理解されないエンジニアの特徴〉
□「自分を守る」ために嘘をついていることに気がつかない
□「自分を守る」ための嘘が発覚して信頼を失ってしまう

同僚に「クレーム対応が上手だと得ですね!」と褒めたら、「だからお前と話をするのは不愉快だ」と怒りを買った

　会話の基本は「相手の気持ちになって話す」ことと聞いたことがありませんか。しかし、方法を間違えると、かえって話し相手の感情を逆なでしてしまい、誤解を解こうとすればするほど嫌われて孤立する状態に陥ってしまいます。
　ここで紹介する「相手を怒らせてしまう事例」は、エンジニアにはよく起こります。
　田中さんはどこを間違えたのでしょうか。

《ケース・スタディ 3》
事例 クレームを話題にすると不機嫌になる同僚
　会社の昼休みに田中さんが同僚と雑談している場面です。

〈問題の発端となった会話〉
同僚　この前、家族と温泉に行ったら、部屋のお湯の出が悪くて。フロントに伝えたら近くの有名温泉のチケットをもらえて家族が喜んでね。
田中　私だったら黙ってますね。文句を言って何かもらうって、気が引けるじゃないですか。
同僚　でも、せっかくの家族旅行なのにがっかりじゃないか。
田中　私はそんなに厚かましくできないですよ。
同僚　………
　会話が気まずい雰囲気で終わったので、田中さんは「自分の考えを主張しすぎたかな」と反省しました。

〈田中さんが失敗したカイゼン〉

田中　（どうも自分の主張をしすぎてしまう。「相手の気持ちになって話す」ことを心がけよう）

同僚　この前、家族と温泉に行ったら、部屋のお湯の出が悪くて。フロントに伝えたら近くの有名温泉のチケットをもらえて家族が喜んでね。

田中　（もし、自分が彼の立場ならどう感じるかな。クレームを言えば何かもらえるなんて「得した」って感じるだろうな）
　　　クレームをつけるのが上手いと得ですね！

同僚　オレはクレームをつけたわけじゃないよ。

田中　（ヤバイ、何だか怒っている。別に間違ったことを言っていないことをわかってもらわなきゃ）
　　　実際にチケットをもらっていますよね？　それに、私はクレームをつけるのが悪いなんて言ってないですよ。

同僚　………

田中　最近、悪い噂はSNSであっという間に拡散するから、ホテルはお客様に気を使っているし、クレームを言えばチケットや割引がもらいやすいって新聞に出ていました。やっぱりクレームをつけると得ですよね。

同僚　もういい！
　　　同僚はかなり気分を害しています。

田中　（気持ちを考えても上手くいかないな。だいたい相手がどういう気持ちかなんてどうすればわかるんだ？）

「相手の気持ちになった会話」で誤解を解こうとしたところ、さらに怒らせてしまった田中さんの会話、どこに問題点があると思いますか。直感で答えてください。

> ❶ 同僚
> ❷ 田中さん
> ❸ 旅館

答えは、「❷ 田中さん」です。
相手の気持ちになった「つもりの会話」、問題点がわかりやすいですよね。
田中さんは「自分の気持ちで同僚の気持ちを想像」しています。これでは同僚の気持ちになっていません。
エンジニアは会話や状況の一面から「証拠」を探して、「だから、あなたはこうですよね」という伝え方をすることがあります。
そこを相手から否定されると、**「ここにも証拠がある」と自分の正しさを主張して、相手の気持ちを逆なでし、ますます怒らせる連鎖に陥る**場合が往々にしてあるのです。
相手にしてみれば「自分の性格を勝手に決めつける」、かなり不愉快な話し相手です。
田中さんが的外れに相手の気持ちを考える原因は、田中さんが第Ⅲ章で紹介する**相手の気持ちを知る方法を知らない**からです。
振り返ってみましょう。

> 〈なかなか理解されないエンジニアの特徴〉
> ☐ 自分の考えを主張しすぎる
> ☐ 自分の気持ちで同僚の気持ちを想像している
> ☐ 相手の「違います」に対して自分の正しさを説明して、さらに相手を怒らせる

相手を説得しても約束は守られず、そのうえ避けられるようになる

　絶対に守ってもらいたい約束は、話し相手が納得できるまで説得したい気持ちになります。

　でも、あなたが熱心に説得するほど、あなたに協力してあげようと考えている関係者、担当者の仕事の意欲が下がり、協力者が1人、また1人と減っていっているとしたら？

　次の事例で、熱心に説得する田中さんの問題点を見ていきましょう。

《ケース・スタディ4》
事例 了解したのに説明書の改訂を形だけしかやらない担当者
　田中さんは「設備の検査方法の解説書が少しわかりにくい」と感じていて、トラブルを防ぐためにも、わかりやすく改訂したいと考えています。しかし、田中さんはその設備の専門家ではなく、他の部署の担当者に改訂をお願いする必要があります。

〈問題の発端となった会話〉
田中　（仕事をよりよくする取り組みなのだから、説明すれば納得してくれるだろう）
　　　設備の検査方法の解説書を改善したいのです。お願いできますか？
担当　今、忙しいんですよ。誰かからの指示ですか？
田中　いえ、私が改善が必要だと感じたんです。
担当　じゃ、今、やらなければならないという理由はないですね。
田中　でも、わかりにくいんだから改善したほうがいいでしょう？

担当　だったら自分がやればいいじゃないですか。
　田中さんは、担当者が改善しなければならない理由が足りなかったため説得できなかったと考えました。

〈田中さんが失敗したカイゼン〉
田中　……というわけで解説書を作りかえたいのです。担当している設備の解説書の文章を考えていただけますか？
担当　今のままでもいいんじゃないかな。
田中　解説書をよりよくすることは会社のためでもあるんですよ。この設備はあなたの担当なんだし、詳細を知っているのはあなたしかいないんだから。
担当　それはそうですけど……
田中　それに、万一トラブルが発生したら、改訂を断ったあなたが責任を問われますよ。だから、あなたのためでもあるんですよ。
担当　わかりましたよ。
田中　他の部署は1週間で案をくれることになっています。1週間後でいいですね。
担当　ええ。

　3日後、田中さんが「進捗はいかがですか？」と声をかけると、「まだできていない」との返事でした。そこで、とにかく取りかかるようにお願いし、1週間後、予定どおりに文案を受け取ることができました。しかし、提出されたものを見ると、もとの解説書に少し注釈が増えた程度で、田中さんが期待した「わかりやすい」解説書とはほど遠いものでした。
田中　（責任逃れのために形だけ仕事している！　もっと強く要求しなければ！）
担当　（あっ、田中さんがきた……嫌だな）

さて、相手を説得しても約束は守られず、そのうえ避けられるようになったのは、どこに問題があると思いますか？

直感で答えてください。

> ❶ 田中さん
> ❷ 担当者
> ❸ 職場

答えは、「❶ 田中さん」です。

「え～、約束は守るものでしょう?!　さすがに田中さんは問題ないでしょう」と感じた人は赤信号です。

あなたの今の状態はすでに、熱心に仕事をすればするほど、あなたの仕事に協力してあげようと考えている関係者、担当者が1人、また1人と減っていっている状態かもしれません。

問題点の理解を進めるために、もう1つ質問を用意しました。今度は3つのうちから、さらに問題を悪化させるやってはいけない行動を2つ選んでください。

> ❶ もっと深く納得するまで説得する
> ❷ 約束を守らない場合の罰則を設ける
> ❸ 説得をやめる

問題を悪化させる、やってはいけない行動は❶と❷です。

❶❷の場合、説得される側はたまりません。

誰しも嘘をつきたくないのです。しかし、田中さんの説得はごもっともな内容だから「YES」と言わざるをえない。でも、本当は嫌だからやる気になれなくて行動できない。そして期限がきてしまう。

約束を守っていないことは自分自身がよくわかっているから、自分が嫌になります。なのに、田中さんと関わると自分に嘘をつく機会が増え

てしまう。だから田中さんと会いたくなくなります。

　ところで、皆さんは「やる気になれなくて」は理由にならないと思いますか？　約束したら意志の力でやりきるのが当然と感じるでしょうか？

　では、「現実の世界」はどうなっているか、少し考えてみましょう。対策は実際に効果がなくては意味がありません。

　例えば、「ダイエット」を決心してもできなくて悩んでいる人、けっこういますよね。

- 希望はダイエットしたいということ
- 「摂取カロリー ＜ 消費カロリー」になるように食べる量を管理すること

簡単じゃないですか！　できない理由なんてどこにあるのでしょう？

　なのに、もし、あなたが、「でもね……」と感じているとしたら、現実の世界がどうなのかわかりますよね。

　田中さんが要求している、約束したことを実行してもらうことは、「**正論だけど、かなりむずかしい**」のです。

　もし、現実に成果が欲しいのであれば、説得はおすすめできません。このうえ、さらに論理で説得する方法を進めたり、罰則を設けるのは、相手の「嫌だ」と思う気持ちを強めて余計に問題を大きくしてしまいます。

　「説得をやめる」が具体的に何をすることなのか、については後ほど解説します。

　振り返ってみましょう。

〈なかなか理解されないエンジニアの特徴〉

☐ 説得で相手が承諾せざるを得ない状態に追い込んでいる

☐ 言質をとれば、仕事の「約束」は守られるものと考えている

子どもの将来を思って説教するほど子どもから避けられる

　説得の問題は「説教」に形を変えて家庭内でも発生しています。誰しも、仕事はもちろんのこと、家族も大切にしたい、子どもにも幸せになってもらいたい、という思いを持っています。でも、家族を思う気持ちからくる説教が、子どもの意欲を低下させ、あなたを避ける原因を作っているとしたら？

　すでに〈ケース・スタディ4〉で問題点がおわかりかもしれませんが、大切な課題なので一緒に考えてみることにします。それでは、子どものためを思って説教している田中さんの会話を見てみましょう。

《ケース・スタディ5》

事例 約束しても勉強しない長男
　田中さんには小学校5年生の男の子がいますが、遊んでばかりで勉強しないために成績が落ちています。

〈問題の発端となった会話〉
田中　（これではいけない。勉強するように言い聞かせなければ）
　　　なぜきちんと勉強しないんだ？
長男　……
田中　社会で活躍するために勉強が必要だと思わないのか？
長男　わかってる。
田中　将来安定した生活をするためにも勉強が必要だろう？
長男　わかってるよ。
田中　じゃ、きちんと勉強するな？　約束するか？

長男　わかった。

　ところが、次の試験も成績が上がっていません。田中さんが確認してみると、約束した勉強をしていないことがわかりました。

〈田中さんが失敗したカイゼン〉
田中　なぜ約束したことを守らないんだ。勉強をしなくていいと思っているのか？
長男　しないといけないことはわかっている……
田中　だったら、なぜ勉強しないんだ？
長男　だって……ごめんなさい。
田中　今度はきちんと約束を守れるか？
長男　わかった……

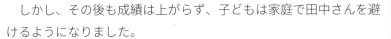

　しかし、その後も成績は上がらず、子どもは家庭で田中さんを避けるようになりました。
田中　（あれほど言っても約束を守らない。勉強しないといけないことがわかっているのになぜやらないんだ。まったく……）

　家庭の雰囲気は重苦しく、田中さんは家に帰っても、ちっとも楽しくありません。

　おわかりですね。家族の幸せを思って説教するほど、家族から避けられるようになってしまう問題点は、仕事の「説得」の場合と同じです。

　正論であっても、さらに説教をしたり、罰則を設けたりすると、ますます問題を大きくしてしまいます。振り返ってみましょう。

〈なかなか理解されないエンジニアの特徴〉
☐ 説得によって、子どもが約束せざるを得ない状態に追い込んでいる
☐ 言質をとれば子どもの「約束」は守られるものと考えている

ズバリ技術の解決策を提案しても、技術力を認めてもらえない

　どのような話し方をしたとしても、技術の真実に変わりはない。

　話し方に問題があっても、仕事の窮地を救えば技術力は認められるのでしょうか？

　技術力が認められなければ将来、エンジニアとして生きていくことはむずかしくなります。技術力に自信がある田中さんの話し方の問題点を見てみましょう。

《ケース・スタディ6》

事例　蒸気閉じ込めの案件を解決しても技術力を認めない客先

　田中さんと設備製造会社のチームは、万が一、配管から蒸気が噴出しても安全が確保できるように、漏れた蒸気を配管を二重にして閉じ込める方法を考えています。ところが、蒸気の熱による配管の伸びが大きすぎて設計ができません。そこで、田中さんは蒸気の熱による配管の伸びを逃がしながら、大部分の蒸気を閉じ込めて安全を確保する配管の二重構造を提案しました。

　製造会社と自社それぞれのエンジニアが出席している会議の場面です。

〈問題の発端となった会話〉

田中　（これまでの議論だと解決策が出ない。視点を変えれば簡単じゃないか！）二重の配管の片端を溶接で固定せずに、配管と配管の隙間を小さくすればいいんですよ。そうすれば熱伸びの問題はなくなる。

担当　ご提案の構造ですと蒸気が閉じ込められずに漏れてしまいます。
田中　わかっていますよ！　本件の目的は〝安全の確保〟ですよ。全部閉じ込める必要がないのは明白です。
担当　しかし、前例がありません。許可が出なかったらどうするんですか？
田中　それはこちらが担当する部分だから、そちらが心配しなくていい。
担当　でも、最終的に設備を作るのはこちらなんですよ。
田中　これ以上話しても平行線だから議論は止めましょう。こちらが責任を取りますから指示どおりに計算書を作成してください。
担当　……
田中　（窮地を救ってあげたのに、誰か少しは俺の技術力を認めたらどうだ！）

　田中さんは自分に権威が足りないからだと考え、誰もが知っている難易度の高い技術の資格を取ることにしました。

〈田中さんが失敗したカイゼン〉
担当　……でも、最終的に設備を作るのはこちらなんですよ。
田中　判断はこちらに任せてください。私、この分野の国家資格を持っています。
担当　（資格？　現場もすべて動かせてこそ結果が出るんじゃないか。実力はこちらが上だ）
田中　（以前より対立が深まったような気がする……）

　田中さんはもっと権威を高めるために、さらにむずかしい資格を取得することにしました。

　「技術の内容は事実じゃないか、どこに問題があるんだ？」と感じたエンジニアは、すでに「技術力を認めてもらえないエンジニア」かもしれません。

ズバリ、技術の解決策を提案しても、技術力を認めてもらえない問題点は、どこにあるのでしょうか？　次の3つから、やってはいけない対策を2つ、直感で答えてください。

> ❶ 誰もが認めるすごい資格を取る
> ❷ 説明不足だから、納得できるようにさらに詳細に説明する
> ❸ 内容以外の部分に同意して解決を図る

やってはいけない対策は、❶と❷です。

❶の「資格を取得する」は要注意です。職人気質のエンジニアや実力派の上司は、自分の実力が勝っていると考えています。しかし、公の機関が保証した資格は認めざるをえない。当然、面白くありません。

❷の「納得できるように詳細に説明してあげる」は、**「内容がわからなくて反対しているわけではない」**ので、説明する意味がありません。むしろ、技術的に隙がなければないほど、「反発」がつのります。

❶や❷の結果、チームメンバーの発言は、「前例がないなら方法を考えましょう！」と言ってもらえるはずが、「前例がないから無理じゃないですか？」に変わってしまい、あなたの邪魔をするのです。

技術は判断基準がはっきり決まっているように見えて、実はそうではありません。「前例がない」「証明しきれない」など、相手があなたの提案を却下しようと決めれば、**「技術的にそれらしく見える却下の理由」はいくらでも考え出せる**のです。

振り返ってみましょう。

〈なかなか理解されないエンジニアの特徴〉
- ☐ 技術的に自分が正しい場合は、ズバリ言ってもかまわないと考えている
- ☐ 資格などの権威があれば認めてもらえると考えている

「規則だから仕方がない!」と諦めるエンジニアは生き残れない

　私たちは仕事を進めるうえで、法や規格などのルールを守らなくてはなりません。しかし、（ルールで決まっているから）あれはできない、これもできないというように既存の枠組みに固執して、アイデアや技術を示せないエンジニアは絶対に生き残れるエンジニアになることはできません。

　次の例で、田中さんが「ルールだから仕方がない」と諦めてしまった会話の問題点を見てみましょう。

《ケース・スタディ 7》
　事例　計画が未定のため認可してもらえない工事
　国立公園で看板を立てる場合、景観への影響を判断するために、具体的な看板の場所、形、寸法、色を申請します。しかし、工事が迫っているのに、具体的な看板の場所や色、数値が決まっていない状況です。

〈問題の発端となった会話〉
田中　看板を立てたいのですが、現時点で場所と色がまだ決まっていません。
担当　では、決まってから申請してください。
田中　何とかなりませんか？
担当　規則に従ってください。

〈田中さんが失敗したカイゼン〉
田中　（法律の趣旨は「景観を守る」だから、今回の件は景観にほとんど影響がないからわかってもらえるはずだ）
　　　看板を立てたいのですが、現時点で場所と色がまだ決まっていません。
担当　では、決まってから申請してください。
田中　場所は移動してもせいぜい0.5メートルです。色もそれほど変わるわけじゃありません。
担当　ダメです。
田中　そもそもの許可の意義は"景観の維持"じゃないですか！　そこには影響しないのになぜダメなんですか？
担当　規則に従ってください。
田中　（何だよ、いったい！　でも規則だと言うなら仕方がない。これ以上は無理だな）

　規則だから仕方がない！と諦める場面で、皆さんはどこに問題点があると思いますか？　直感で答えてください。

❶ 相手側の姿勢をあるべき姿に変えることができていない
❷ 規則を変えるように働きかけていない
❸ 規則の内容を具体的に聞けていない

　答えは、「❸規則の内容を具体的に聞けていない」です。
　「案を提示して聞くべきことは聞けているんじゃないの？」と考えた人は、このまま聞くべきことを聞けずにいると、持てる技術を活かすことができず、生き残れるエンジニアになるのがむずかしい状態です。
　問題点は、「申請」が抽象的な言葉のままで、具体的に何をすることなのか、話し相手と同じ「申請」の内容を考えているのか、確認されていないことです。できること、ありますよ！

なお、皆さんが❶❷のように、相手の姿勢を変えるとか、規則を変える対策をしようとすると、日々の労力や時間をそれらに費やしてしまい、それなのに成果が上がらず時間ばかりが過ぎていく状態に陥ってしまいます。

　もし、❶❷に取り組むのなら、何年も時間がかかる長期戦になるので、個別の課題として切り離して取り組む必要があります。

　振り返ってみましょう。

〈なかなか理解されないエンジニアの特徴〉
- □ 解決できないのはルールだから仕方がないと考えている
- □ ルールの中で何ができるか具体的に聞けていないことに気づいていない

「会話」の努力をしているのに、どうして私ばかりが責められる？

　上司の逆切れ、無理を指示する客先、会話に怒る同僚、資料改訂の約束の反故、勉強しない子ども、窮地を救ったのに認めてもらえない技術力、ルールを盾に認められない申請手続き……。

　確かに自分は会話が上手ではないけれど、「真面目に努力しているのに、どうして私ばかり責められるのか？」と田中さんは感じています。

　さて、ここから35歳の田中さんの運命は大きく2つに分かれます。

> ❶技術力をさらに向上させ、田中さんが言っていることを「あの人が言うのなら聞かなきゃいけない」と誰もが納得する「すごい資格」を取るなど権威を手に入れる。
> ❷話し方を身に付けてから技術力を磨く。

　90％のエンジニアは、❶「すごい技術資格」を選択します。

　田中さんは「まだ俺の実力を認めないのか！」と国家資格の勉強を始めました。

　その結果、国家資格は取れましたが、関係者、協力者、上司、部下との**「対決」姿勢が強まり、孤立はさらに深刻化**していきます。

　「孤高のエンジニア」の先輩の姿を見ても、楽しそうでもなく、誰かに頼られて技術力を発揮している人はほとんど見当たりません。

　そうして時間が過ぎ、田中さんが「技術力ですべてを押し通そうとしても解決は無理だ」と認めざるを得なくなったのは、すでに48歳になったときでした。

そして、田中さんは、話し方を学びました。
　田中さんはこれまで「対立」していた場面でも「協力して解決する」ことができるようになり、以前より格段に技術力を発揮できる場面が増えてきました。
　田中さんは今の生活を心から楽しんでいます。
　久々に会う人には「別人じゃないの？」と言われます。
　田中さんはこう感じています。
　もし、35歳のときの選択が、❷「話し方を身に付けてから技術力を磨く」だったら……。
　回り道をせずに、❶の「すごい技術資格を取る」より協力者が増えて、上司や部下の信頼も得て、もっと毎日を楽しみながら技術力を発揮できたに違いありません。
　さて、あなたはどちらを選択しますか？

　先に「話し方」を身に付けたい方は、この続きをどうぞ。

第 II 章

話し方改革 「7つの準備」

「会話が苦手なんです。**そんなつもりはないのに相手を怒らせてしまうんです。どうしたらいいでしょう？**」

　会話で相手を怒らせる人に共通しているのは「話す準備」をしていないこと。

　研究、製造、会議、話し方、何を始めるにしても、最初は「準備」です。

　「話す準備」が整えば、相手を怒らせる原因がなくなり、仕事やプライベートの会話の内容によらず、「怒らせる」心配なしに会話に臨めるようになります。

　忙しくて時間がとれないエンジニアも、この章だけはぜひ読んでいただければと思います。

相手が賛同するか反対するかは説明が始まる前に決まっている

　技術の説明内容を相手に賛同してもらうために、皆さんが先輩や上司に教えられたことは何でしょうか。
　「説明内容をわかりやすく（または詳細に）話す」ではないでしょうか。
　しかし現実は、**わかりやすく話しても賛同してもらえない場合が多い**のです。
　「え〜、そんなばかな」と思われるかもしれません。
　でも、過去の経験を振り返ると、現実はそうなっていませんか？
　自分の話の内容を相手に賛同してもらうためには2つの準備があります。ほとんどのエンジニアは2つの準備のうちの1つしか準備していません。そのため、説明を受け入れてもらえなくなり、「問題がない内容」の修正を何度も繰り返してしまいます。
　もう1つの条件がわかっていれば、何度も必要だった説明の修正を瞬時に賛同してもらえる状態に変えることが可能です。

会話では解決を優先する

　なぜ受け入れてもらえないのか、理由はシンプルです。
　その1つは、エンジニアの会話は基本的に「正しいものを認めさせる会話」だからです。事例として、計算方法の精度に関しての田中さんと客先担当者の会話を見てみましょう。

> **事例** 私の計算のほうが精度が高い！
> 田中　私の計算方法のほうが全般に精度が高いですよね。
> 担当　使用頻度の高い領域ではこちらの計算方法のほうが精度が出ています。
> 田中　でも信頼性という観点では……
> ※両方とも使用に差支えのない精度があるのに論争しています。

　説明内容をわかりやすく説明する目的は、「私の言うことが正しいことを認めて、あなたの意見を変えなさい」です。
　本人は意識していなくても、「口を開けば戦いを仕掛ける会話」です。これでは内容が良いか悪いか以前に、戦いを仕掛けるあなたから、相手は「自分を守るために反論する」という構図になってしまいます。
　では、どうすればよいのか？
　「何が正しいか」という発想の会話を止めればいいのです。
　会話は何かを達成したり、解決したりするのが目的であって、「何が正しいか」はほとんどの場合、必要ありません。
　例えば、池の向こうに行きたいときに「池の右回りと左回りと、どちらから行くべき」でしょうか？
　「右がより安全だから」「いや左が近いから」と議論して喧嘩するよりも、「重大な欠点がないのなら、左右どちらでもいいから、早く決定して向こう側にいくことが大切」なのです。交通ルールも、世界を見渡すと日本のようにクルマが左側通行の国もあれば、米国のように右側通行の国もあります。
　どちらが正しいか議論して意見が分かれるよりも、「どちらに統一するか決定する」ことが重要で、ほぼそれで事足りるのです。
　一方で、「技術の課題は数値で評価されるから、何が正しいかの議論が避けられない」と感じている人もいると思います。
　これについては、筆者の経験をお伝えするなら、**何が正しいかの議論**

が避けられないような課題は、**全体の1割程度**しかありません。

会話の前提として協力的な関係を創る

2つ目の理由、そのヒントは私たちの身の周りにあります。
田中さんと同僚の会話を見てみましょう。

> **事例** 相談したいことがあるんだけど…
> 田中　ちょっと相談したいことがあるんだけど。
> 同僚　どうしたの？
> 田中　そちらにお願いできる内容かどうかわからないんだけど……
> 同僚　できることなら力になるよ。

仲のいい職場の同僚に「この技術、聞いてもらえます？」と切り出したときの反応と、部署が離れていて普段付き合いのない同僚に「この技術、聞いてもらえます？」と切り出したときの反応の違いです。

仲のいい同僚は「どうしたの？」と積極的に話を聞いてくれますが、普段付き合いのない同僚は「何ですか？」と身構えるところからスタートします。

「当たり前じゃないか！」とお思いでしょう。

しかし、これこそ話し相手に賛同してもらえるための、重要な条件なのです。

原則は「シンプル」です。

> ❶ 仲がよい　　　　　　➡「協力してあげよう」からスタートする
> ❷ 仲があまりよくない　➡「関わりたくない」からスタートする

「内容で判断すべきなのに、仲がよいかどうかなんてけしからん！」と思うかもしれませんが、これは人間の持つ特性なので逆らうことはで

きません。

原則がわかっているのだから、ある意味、対処は簡単です。

「協力してあげよう」からスタートするためには、「仲のいい状態」を創り出せばよいのです。大変だと思われるかもしれませんが、実は簡単です。

具体的には、内容に入る前に話し相手が「この人は仲間だ、心を許して安心して話せる」と感じるラポール（心のかけ橋）を創り出せばいいのです。

- 「何が正しいか」ではなく、解決を優先する
- 会話は仲がいい状態でスタートする

これが会議でも雑談でも、仕事でも家庭でも、すべてに共通する会話の「準備」なのです。具体的な方法については次項から順に紹介していきます。

振り返ってみましょう。

〈話し方改革「７つの準備」〉

☐ 「何が正しいか」を認めさせる会話を止めて解決を優先する

☐ 仲がよい関係を創って、「協力してあげよう」の状態からスタートする

「同じ」を伝えて、仲がいい状態を たった30秒で創り出す

　では、「仲のいい状態」を創るにはどうしたらいいでしょうか。
　付き合いのない同僚とも普段からコミュニケーションをはかって、懇親会で一緒に飲んで……、もちろんそれもいいのですが、実は**たった30秒で「仲のいい状態」を創れてしまう方法**があります。
　具体的な例で見ていきましょう。

最初に意見が対立しない話題を出す

　次に紹介する日常の例は、皆さんはすでに使っているはずです。
　例えば、職場に新人が配属された場合です。新人にどのように話しかけていますか？　いきなり「あなたの仕事に対するポリシーは何ですか？」とか、「支持政党はどこですか？」と聞いたりしませんよね。
　「何だこの人?!」と警戒されてしまいます。
　普通は「どちらのご出身ですか？」など、**「意見が対立しない話題」を出している**はずです。
　これなのです！
　「意見が対立しない話題」を意図的に使えば、確実に仲よくなれる状態を再現できるのです。
　「再現」の原理は技術と同じです。
　私たちが「発見した」現象は、すべてもともとこの世に存在しているものです。
　でも、それを偶然に任せていると製品の製造などへ利用することはできません。それを、「こう使えば結果はこうなる」規則を発見し、「意図

53

的に」使うことで便利な生活を可能にしているのです。

　例えば、電波は周波数を特定して発振することで、情報をやり取りする携帯電話で使ったり、食品を加熱する電子レンジで使ったりしています。同じように、仲よくなれる原理を話し方で意図的に使うのです。

共通する「同じ」を口に出す

　話し方に話題を戻します。
　例えば、出身を尋ねた場合、新人が姫路市の出身で、自分も同じ姫路市出身だったらどうでしょうか？

> **事例** 私も姫路市出身です
> 田中　出身はどちらですか？
> 新人　姫路市です。
> 田中　そうですか！　私も姫路市出身です！
> 新人　心強いです！　よろしくお願いいたします！

　初めて会っただけなのに、うれしさや仲間意識を強く感じます。
　これが「この人と私は同じだ！」と感じ、仲間意識ができるラポールが創り出された状態です。
　そこで、「出身が同じ」のように「同じ」を口に出すことを「意識して行う」ことで、ラポールをどんどん強化していきます。
　では、残念なことに、「自分は姫路市出身だが、新人は明石市でした」という場合はどうしたらいいでしょうか？
　これも「同じ」を口に出してください。その場合は「私も同じ兵庫県出身です！」にします。
　他にもいろいろな「同じ」が使えます。例えば、
　「父親の出身が明石市です」
　「親戚が明石市に住んでいます」

「友達が明石市に住んでいます」
でもかまいませんし、「昔住んでいました」とか、住んでいなくても「私も行ったことがあります」でも大丈夫です。「明石焼き大好きなんですよ！」などと言えたら、相手はもう完全に仲間意識を感じるでしょう。
　このようにいろいろな**「同じ」を見つけて、意識してそれを「口に出す」**ことでラポールを創り出していくのです。

会話の前にラポールを創り出す

　ラポールを築いて「仲のいい状態」からスタートすることは会話の鉄則です。
　もしかすると、「最初にわざわざ"同じ"を見つけ出すための会話をするなんて面倒じゃないの？」と感じる人がいるかもしれません。
　しかし、仲のいい同僚に相談に行って、「協力してあげよう」からスタートするときと、そうでない同僚に相談に行って「関わりあいたくない」からスタートするときにかかる「トータル時間」と「トータル労力」の違いを考えてみれば、どちらを選ぶべきかわかりますよね。
　たった30秒で仲のいい同僚のように話ができるのなら、**ていねいにラポールを創り出すほうが「絶対に速い!!」**
　ですから、すべての会話は、「いきなり内容を説明しないで、最初にラポールを創り出すべし」なのです。
　振り返ってみましょう。

〈話し方改革「7つの準備」〉

☐ 「同じ」を口に出して「この人は仲間だ。心を許して安心して話せる」と感じるラポールを築く

☐ 「同じ」を見つけて口に出す

☐ 説明の前に必ずラポールを築く

自爆する勇気であなたの会話に安心感を創り出す

　会話はラポールでスタートして、そのあとも何度もラポールを創り出して会話が終わるまで、ラポールを維持します。
　ところが、最後までラポールを維持できる人と、ラポールが維持できずに、話し相手から「関わりあいたくない」という態度をとられる人に分かれます。
　ラポールが維持できない人は、自分で気づかずにラポールを破壊しているのです。これでは仲がよくなってスムースに仕事を進めるどころか、会話そのものが進まなくなってしまいます。
　何がラポールを破壊する原因なのか、どうすればラポールを破壊せずに維持できるのか、次の例を見ていきましょう。

ラポールが壊れる原因

　ラポールは「同じ」の他にも「承認」や「共感」を伝えれば築くことができます。例えば、「そのスマホケース、ステキですね」や「お仕事大変ですね」といった声かけです。
　ところが、**「私が声を掛けると相手に怪訝そうな顔をされます」「なぜか相手が怒ります」**という、ラポールが築けない人がいます。
　理由は2つあります。

①**本当は口に出したことをそう考えていない**
　例えば、「ラポールを創り出す手段だから」という理由で、相手の仕事を本当は大変だと思っていないのに、「大変ですね」と口先で言って

いる場合です。

> **事例** 私が言うと気まずくなる「お仕事大変ですね」①
> 田中　（ラポールを創り出すのに労いの言葉を言えば
> 　　　　いいんだったな）
> 　　　　お仕事大変ですね。
> 店員　ええ……
> 田中　……（あれっ？……気まずい）

口先で言っていることは相手にわかります。本当に自分が相手を承認できるところ、共感できるところを口に出して伝えてください。自分が本心から承認できるところ、共感できるところは、探せば必ず見つかります。

②話し相手より自分を守ろうとしている

「大変ですね」と伝えた後に、「そんなことありません」と否定されて気まずい思いをしたくないと考えている場合です。

> **事例** 私が言うと気まずくなる「お仕事大変ですね」②
> 田中　（同意してもらえないと気まずい。そうだ、それならもっと
> 　　　　もだという理由を言えばいい！）
> 　　　　こんな時間まで働かなければならないなんて嫌ですよね。
> 　　　　お仕事大変ですよね。
> 店員　……（何？　変な人）
> 田中　（どうして「そうなんです」ってならないんだろう？）

否定されるのを回避したいと考えて、「こんな時間まで働かなければならないなんて嫌ですよね。お仕事大変ですよね」のように、「だから私の言っていることは正しいでしょう？」と自分を防御するための前置

きを付ける**場合です。

　防御の姿勢をとると、相手も自分を守るために身構えてきます。そして、会話は対立の関係になって、ラポールを創り出すことがむずかしくなります。自分を守るための（否定を回避するための）工夫が、対立の関係を作ってしまうのです。

　エンジニアで嫌われる会話をしている人は、「②話し相手より自分を守ろうとしている」のパターンが多いように感じます。

　これに対する答えは1つです。

　その方法で自分を守るとして、これまで自分を守れましたか？

　答えはNOですよね。

　自分を守ろうとする姿勢が原因で、自分を守れていないのです。**話し相手が安心を感じて心を開くには、自分を守らない「自爆」の姿勢が重要**なのです。

　そして、自分を守らなくなると、ラポールが創り出せるため、仲間として会話できるようになり「自分を守る必要がない」状態になります。

　最初は怖いかもしれませんが、守りを手放せば、守る必要がなくなるのです。

　自爆の感覚は、体験して身に付けるのが一番の近道です。

　ただし、自爆は中途半端に実行すると「拒否」にあいますから、「会話で自分を守らない」と覚悟を決めて行ってください。

　とはいうものの「自分を守らない」がまったく未体験だと、環境を整えるのがむずかしいかもしれません。

　その場合は、例えば、後ほどお話しするコンビニの店員さんを笑顔にするワークを参考に、実践していただければと思います。

　振り返ってみましょう。

〈話し方改革「7つの準備」〉

- [ ] 口先でなく、本当に自分が相手を承認できる、共感できるところを口に出す
- [ ] 相手からの「違います」の拒否から自分を守ろうとしない（自爆する）
- [ ] 「会話で自分を守らない」と覚悟を決めて実践してみる

④ 自分で気づけない自分を知っておく

「わかっているけど、自分を守ることを優先してしまった」という失敗、ありますよね。

でも、わかっているなら「できるようになるのは時間の問題」だから、大きな問題ではありません。

問題になるのは**自分で自分の状態に気づけない**ことが原因で、何度も相手を怒らせてしまう場合です。

そんなとき、「ここは注意だな！」とチェックする方法を知っていれば、同じ失敗を繰り返す心配がありません。

では、次の方法を使って、あなたの状態をチェックしてみましょう。

誰のための行為なのか

> **ワーク** 電車で席を譲る
> ☐ 電車を使う人は電車で、バスを使う人はバスで「席を譲って」ください。
> 　立っているのが大変そうな人に「相手のため」の視点で声をかけます。
> 　「よかったら席をどうぞ！」

ほとんどの場合「ありがとう！」とお礼を言われます。しかし、何回か続けていると、訪れるのが「年寄り扱いするな！」などのお叱りです。

そのとき、あなたが「親切をしているのに失礼な相手だ！」と怒りを感じるとしたら、そこがチェックポイントです。

怒りは窮地から「誰か」を守るための感情です。
　この場合は「誰を守っているか」わかりますよね。
　そうです。自分自身を守っています。
　また、あなたが「ありがとう」を期待しているのなら、それは「誰のための行為か？」という見方もあります。
　これは、自分のために「ありがとう」を期待して行動しているのに、「私は相手のために行動している」と勘違いしている状態です。
　「この人が席を必要としているのなら席を譲って助けてあげたい」のなら、助けてあげられればOKだし、不必要だとわかればそれもOKです。断られても「そうでしたか！」で終了。次もまた躊躇なく席を譲ることができます。
　自分の状態がわかりましたか？

　同じことは職場や家庭でも起こっています。
　職場で仕事を手伝ってあげたのに感謝しない同僚、家庭でお皿を洗ってあげたのに感謝しない妻、そして「いつもありがとうございます！」と声をかけたのに知らん顔をしている道路掃除のおじさん。
　「相手のため」と言いながら、実際は「自分のため」に声かけしていた自分に気づくと、「ありがとうが常識だ」と考えていたこれまでの自分の「非常識」がわかり、同じ状況を繰り返すことがなくなります。
　「この人非常識！」という感情が出てきたら、「自分のため」の会話になっていないか、チェックしてみましょう。
　振り返りです。

〈話し方改革「７つの準備」〉

☐ 電車やバスで席を譲って、拒否されたときの自分の感情を知る
☐「感謝されたい」のは自分のためか、相手のためかを知っておく

5 「ステキですね!」で実践力を身に付ける

　ここまでで、「ラポールの築き方」「自爆の仕方」「自分を知る」などの知識を身に付けました。でも、知識は知識。美味しい料理も、作り方の知識があって、実際に料理を作ってこそ、初めて美味しく食べることができます。
　そこで、次の事例では、声かけの躊躇がなくなる実践力を身に付けましょう。
　紹介するのは、知らない人に声をかけて笑顔にするコンビニテストというワークです。
　内容どおりにやっていただければ「私には効果がなかった」ということはありません。もう何年も職場の同僚や家族を笑わせたことがない「暗いエンジニア」でも、コンビニで出会った店員さんを一瞬で笑顔にする体験ができます。

抜群の効果を発揮するコンビニワーク

ワークはこんなふうに進行します。

> **ワーク** コンビニで店員さんを笑顔にする
> □「それでは、コンビニの店員さんを笑顔にしてきてください」

　このワークが始まるのは、話し方教室でラポールと自爆の練習を開始して、だいたい1時間後です。たいていの人は顔が引きつります。
　「無理強いはしないので、あなたが決めてくれればいいですよ。でも、

今日の知識をいつか実践で使い始めるのなら、今日がいちばん安全で安心だと思いますよ。私たちが横で待機していますからね」

そうして、ほとんどすべての人がコンビニ店員さんを笑顔にするために出かけていきます。皆さん、コンビニに入るまでかなり緊張しています。

コンビニでは飲み物などを買って、レジで精算のときに声をかけます。なかなか踏ん切りがつかなくて、お店の中でぐるぐる歩く人もいます。コンビニに入ってから出てくるまで2分か3分。

声かけはたった4行です。

例えば、東京で多い、店員さんが外国人の場合の事例です。

---

❶「休日（夜遅く）まで大変ですね」
　➡　「ええ」
❷「どちらから来られたんですか？」
　➡　「ミャンマーです」
❸「すごいですね！」
　ここで店員さんが笑顔になります。
❹「笑顔、ステキですね！　頑張ってください！」
　ここで店員さんは本当にうれしそうな笑顔になります。

このワークに挑戦された人は、**コンビニに入る前と後で別人のように晴れやかな表情になって、目が輝きます。**

「自分は初対面の人を一瞬で笑顔にできるんだ！」

この体験で、ラポールを創り出すことと自爆を、現実に役立つレベルで実践できるようになるのです。自分が声をかければ、いつでも誰かを笑顔にできるという体験のインパクトはとても大きく、「コンビニでの話し方ワーク」の後は、自主的に店員さんを笑顔にする声かけをしている人も多くいます。

本書を読んでいるエンジニアの皆さんには、これから先、本書を読み

進む前に、全員、このコンビニワークを実践していただきたいと考えています。

　でも、挑戦するのに不安があるかもしれません。なので、コンビニワークに安心して挑戦できるように種明かしをしておきましょう。

　もし、あなたがもっと希望のある未来を手に入れたい、家族を支えたいなどの目標を持って異国に渡ったとします。

　滞在費用を稼ぐため、日曜日も立ちっぱなしでレジに立っている。コンビニに来るお客の意識は、店員は誰でもよくて、あなたに声をかける人もいない。

　そんななか、あるお客が、あなたがどこから来たのか尋ね、祖国を離れてコンビニに立つ姿を「すごい」と言ってくれるのです。思わず表情が緩むところへ、「笑顔、ステキですね。頑張ってください！」と言われたら……心から笑顔にならないわけがありません。

　あとは皆さん自身の「やってみよう」という意思次第なのです。

　ちなみに、最近はマスクをかけている店員さんもいます。

　「マスクをかけている場合、顔が見えませんよね。どう声をかければいいのですか？」と心配する人もいます。

　「笑顔ステキですね」、そのままで大丈夫です。

　「マスクから見えている目のところでステキな笑顔だとわかります……」なんて言う必要はありません。言い切ってください。

　店員さんは「笑顔がステキ」しか聞いていませんから大丈夫です！

　振り返ってみましょう。

〈話し方改革「７つの準備」〉

☐ 知識は実践できてこそ意味がある

☐ 失敗しないコンビニワークの「ステキですね！」で実践力を身に付ける

第Ⅱ章　話し方改革「7つの準備」

「何が正しい」の代わりに双方満足な合意を見つける

　話し方がわかってくると、私たちはほとんど「最悪」の教育を受けていることがわかってきます。
「何が正しいか考える」
「正しいことを相手にわからせる」
　この一見、正しく思える話し方が対立を引き起こし、相手を論破するたびに周囲から協力者が去り、それどころか、あなたの失敗を「いい気味だ」と思う人さえいる状態を作ってしまいます。
　エンジニアに多い「どちらが正しいか」の論争では、話し相手は論破の対象「敵」です。
　もし、話し相手があなたを攻撃してきたら……当然、自分を守り、相手の要求を拒否する行動に出ますよね。
　一方、**人は自分に危害を及ぼさない相手には優しい**のです。
　双方満足に合意ができれば、あなたを助けてあげたいと思う人が増えていきます。

　日常のトラブル事例で考えてみましょう。
　禁煙派の田中さんが出張先のホテルで部屋に入ると、喫煙ルームでした。WEBの申込み画面をよく見ると、少し見えづらい場所に「喫煙」と書いてありました。田中さんは我慢しようとしましたが、どうにもタバコが苦手で我慢できません。そこでフロントの担当者に部屋を替えてくれないかと連絡しました。

> **事例** 禁煙ルームを要求する（論争）

田中　タバコ臭くて我慢できないので、部屋を替えてもらえませんか？
担当　ご予約は……ご自身で喫煙を選ばれていますね。
田中　喫煙を予約したのは申込み画面がわかりづらくて間違ったからですよ。原因はそちらにもあるのですから部屋を替えてください。
担当　あいにく禁煙室は満室で……少しお値段が高い部屋でしたら空きがありますが…。
田中　そちらが原因なんだから、何とかしてください。
担当　そう言われましても、喫煙の表記はありましたし、説明書にもその旨記載がございますので……どうされますか？　今なら禁煙のお部屋を確保できますが。

田中さんが攻撃をしているのでフロントの担当者は防御しています。この場合、ホテル側は「ルールどおり」の返事しかしません。

> **事例** 禁煙ルームへの変更をホテルにお願いする（解決）

双方が満足する合意を探して、問題を解決することを目指します。まず、話の前に、仲間になるためのラポールを創り出します。

田中　今日は夜勤ですか？　いつも遅くまで大変ですね。
担当　そうなんです。交代で夜勤です。
田中　なるほど。私も夜勤やってましたけど、体調管理とか大変ですよね。
担当　そうなんですよ。
田中　お手数をおかけして申しわけないのだけど、もし可能でしたらお願いがあるのですが。私の見逃しで喫煙室を予約してしまいました。私のミスです。でも、タバコの臭いが苦手なので

> 　ちょっと困っているのです……。
> 担当　なるほど、お見逃しですね。あいにく禁煙室は満室ですが……もしよろしければ、少し広いお部屋が禁煙ですから、そちらをお使いください。
> 田中　他のお客の予約とか困りませんか？
> 担当　空いていますので大丈夫です！

　自分のミスで喫煙室を予約した田中さんは、ラポールを創り出した後に、自分のミスを伝え、可能な範囲で助けを求めました。
　一方で、ホテル側は空き部屋を提供したので、田中さんを助けても利益が減ることはありません。
　これなら**双方が満足できる範囲で合意**できます。
　この事例は誇張ではなくて「普通に」発生します。

　もう1例です。
　田中さんの予約ミスで、ホテルが混んでいる木曜日に連絡なしの不泊をしてしまったときの出来事です（予約日の間違いです）。

> 事例　ホテルに連絡なしの不泊をしてしまった事態の解決
> 担当　困りますよ！　料金はお支払いただきます！
> 　ホテルの担当者はかなり怒っているようでした。
> 田中　私のミスです。本当にご迷惑をおかけしました。もちろん、お支払いさせていただきます。

　その後、田中さんは料金を支払いに行き、その場でそのホテルに本来泊まるはずだった予約を入れることにしました。一方のホテル側は「新しい予約をいただけるのなら今回はけっこうです」と不泊分の料金を受け取りませんでした。
　田中さんは本来泊まるはずだった予約を手に入れ、ホテルは本来手に

入れるはずだった宿泊料金を手に入れました。双方が満足できる範囲で合意ができています。

　もし、田中さんが「いきなり電話で失礼じゃないか！」などの非難を始めて論争になっていたら、どうなっていたでしょうか。

　今回のような「解決」があるでしょうか。

　無料にしていただくのが目的で会話をしているわけではないのですが、田中さんは、無料の家電製品の修理や乗物のチケットの再発行など、「解決」した例を日常的に体験しています。

　論争は百害あって一利なし。

　論争に勝っても問題が解決しないのなら意味がありません。

　双方が満足な状態で解決をしたいのなら、もう論争はしないでください。

　「正当な理由」があっても、です。

　「正当な理由」はあなたにとって正当かもしれませんが、多くの場合、**話し相手も自分の「正当な理由」を持っている**のです。

　振り返ってみましょう。

〈話し方改革「７つの準備」〉

☐「どちらが正しいか」の会話をやめて解決に焦点を置く

☐ 論争の代わりに双方満足な合意を話し合う

「笑顔」「姿勢」「頷き」「視線」であなたの周りに人を引き寄せる

　話し方の準備について説明してきましたが、ここでお話しすることは、見方によっては身もふたもない内容に聞こえるかもしれません。
　それは、「会話でも人は見た目でトクをしている」という話です。
　現実の世界は美男美女が断然トクにできています。見た目の影響力が大きいのです。
　企業の宣伝にはたくさんの美男美女が登場しています。化粧品や歯科医療ならわかりますが、証券、保険、自動車など「商品の内容が美男美女かどうかまったく関係がない」分野でも美男美女が起用されています。
　「見た目が説明内容を超えるレベルで影響している」からです。
　極端な話ですが、「美男美女に生まれたらそれだけでトクなのか?!」という質問があるとしたら、答えは「そのとおり」です。
　美男美女とそうでない人の生涯賃金に少なからぬ差があるのは、いくつかの調査結果からわかっていて、仮に40年間で2,700万円※の違いなら、毎月5万6,250円、毎日にすれば約1,800円の収入の差が生じていることになります。
　無視できない影響力です。
　そうだとしたら、(筆者もそうではない人たちの一員なのですが)さほど美男美女に生まれなかった人はダメなのかというと、彼らにもできることがあるのです。
　会話中の「笑顔」「姿勢」「頷き」「視線」を身に付ければ、あなたの周りに「見た目」で人を引き寄せることができるのです。

※『美貌格差:生まれつき不平等の経済学』(ダニエル・S・ハマーメッシュ著、望月衛訳、東洋経済新報社、2015)より。

具体的な方法を見てみましょう。

美男美女の共通点

　美男美女の見た目の共通点がわかりますか？
　「笑顔」と「姿勢」です。「笑顔」と「姿勢」は自分で変えることができます。職場や技術系の例えば学会や専門分野の会合を思い浮かべてください。
　笑顔の人がいますか？
　姿勢のよい人がいますか？
　エンジニアの集まりは、たいていがブスっとして背中を丸めたおじさんの集まりです。もし、そのなかで笑顔でビシッと伸びた姿勢をしている人がいれば……好感度の違いは歴然で、話をするとしたら、その人と話をしたいと思いませんか？
　さらに、会話にはもう2つ、見た目の印象をよくする方法があります。

> - 会話を頷きながら聞く
> - 目を見て話を聞く

　「笑顔」「姿勢」「頷きながら聞く」「目を見て話す」—— この4つはいずれも練習で身に付けることができます。
　具体的な練習方法です。

①笑顔
　鏡を見て練習します。
　「自分の顔を見るのは嫌だ」という人がいますが、あなたが見ていなくても相手はいつでもあなたの顔を見ています。
　「奇跡のワンショット」を見つけて、いつでも再現できるように練習しましょう。だんだん**「自分を見（魅）せるのが快感」**に変わります。

②背筋を伸ばした姿勢

　全身が映る鏡を見て練習します。

　肩が前に落ちると、「頼りなさそう」「運がよくなさそう」に感じます。腰が前に突き出ないように、体の線をまっすぐに伸ばして胸を張りましょう。

　腰が前に突き出ると、お年寄りのシルエットになってしまいます。

　肩の位置は5mm違うとまったく印象が違うので、背筋を伸ばした姿勢も「奇跡のワンショット」を見つけて、いつでも再現できるように練習しましょう。

　ショーウィンドウに映る**「自分の姿を見るのが楽しみ」**に変われば**OK**です。

③会話を頷きながら聞く

　顔だけでなく全身が映る鏡を見て練習します。ポイントは大きめの動作です。

　「私は普段から頷いていますよ」という人でも、ビデオで話をしている姿を撮って見せてあげると「全然動いていない！」と驚きます。

　自分が考えているより、実際は半分も動いていないのです。

　頷きは15cm以上、遠くからでもわかるくらい大きく頷きましょう。

④目を見て話す

　「相手の目を見つめると失礼になるから」と、会話中に目をそらしていませんか？

　相手に本当に何かを伝えたい場合は、しっかり目を見てください。あなたが話をしているときに、相手が天井を見つめていたら「真剣に聞いていない」って感じますよね。

　目を見るのは、1〜3分くらい、**無言でお互いに目を見つめるワーク**が効果的です。

　最初は1分が果てしなく長く感じますが、2〜3回練習すれば慣れて

しまいます。

　「笑顔」「姿勢」「頷き」「視線」の練習は以上です。

　欲を言えば、これら4つ以外に工夫できることはたくさんあります。

　でも、もしこれまで「見た目」に関して何もしていなかったのなら、「笑顔」「姿勢」「頷き」「視線」を意識せずにできるほど、しっかり身に付けてください。

　エンジニアの話し方は、この4つで十分に効果があります。

　「4つの見た目」を身に付けると、自分の気持ちにも変化が現れます。

　「あらっ、自分って、意外にカッコいいかも」「もっと見てもらいたい」

　そのくらいの違いを感じますので、「自分を見る」「自分を見せる」を楽しみながら、「見た目」を磨く毎日を送ることができるようになります。

　あなたが自分に惚れるくらいになれば、あなたの周りに人が集まってくるのは「当然」の結果です。

　振り返ってみましょう。

〈話し方改革「7つの準備」〉

☐ 見た目の重要性を意識する

☐ 「笑顔」「姿勢」「頷き」「視線」を練習してあなたの周りに人を引き寄せる

第 III 章

話すための「聞く」

話し方革命の準備、いかがでしたか？
　「準備ができるだけで、もう会話に困らないんじゃないの？」と感じられたかもしれません。
　そのとおりです。準備ができれば、もう話し相手が怒りだすなどの「会話の失敗」がなくなります。
　でも、それだけで満足だと、もったいなくないですか？
　さらに、ここでお話する「聞く」ことができるようになれば、「話が苦手」「話題がない」という悩みがあっても、会話が途切れることがなくなり、周囲にあなたと話したい人が増える状況を創ることができます。
　では、エンジニアの強い味方、「聞く」方法を見ていきましょう！

「南極は南だから暖かい」に同意できれば「聞く」ができる！

　このパートでは、エンジニアが「聞く」ための解説をしていきます。
　多くの場合、エンジニアが会話を始めると、自分の正しさを主張し始めて敵対関係に入り、議論をしても肝腎の解決がない状態に陥ります。これではいくら技術力があっても生き残れるエンジニアになれません。
　では、エンジニアが技術的な内容の会話で対立を起こさないための「聞く」を見ていきましょう。

ラポールなくして技術の会話なし

　ラポールは前章で解説したように、出身地や趣味などの「同じ」の表明や、「承認」「褒める」などで創り出すことができます。
　でも、会議で早々に技術の議論が始まったらどうでしょうか？
　もう雑談でラポールを創り出すことはできません。
　技術的な会話がスタートしてしまい、ようやく同意を伝えるチャンスが訪れたと思ったら……相手の意見が間違っている！
　例えば「南極は南だから暖かいですよね！」のように、「絶対間違いの発言があった場合」はどうすればよいでしょうか。

> **事例** 南極は南のほうだから暖かいですよね！
> 同僚　南極は南だから暖かいですよね！
> 田中　いや、それは名称が「南」なだけで意味が違う。
> 同僚　でも、昔は草木が生い茂っていて……

内容ではなく、「事実」に賛同する

```
┌─────────────────────────────────────────────┐
│ 相手の言い分に賛同すれば「ラポール」が創り出せる、けれども…… │
└─────────────────────────────────────────────┘
                    ↓
        エンジニアとして、
     明らかに技術的に間違っている内容には
             同意できない！
        ┌──────────────────────┐
        │ 例：「南極は南だから暖かい」│
        │   （絶対に間違っている） │
        └──────────────────────┘
                    ↓
┌─────────────────────────────────────────────┐
│ 相手が間違っていても「そう考えているという事実」を認めることは可能 │
└─────────────────────────────────────────────┘
   「なるほど、南極は南だから暖かいと考えているのですね」
                    ↓

              ラポールの成立
```

　ラポールを築くためには「同じ」という表明が必要です。しかし、技術的に間違っているものは「そうですね！」と同意できません。必要なのは「嘘をつかずに間違っている意見に同意する方法」です。
　どうすればよいでしょうか？
　答えは、「なるほど、南極は南だから暖かいと思うのですね！」です。
　この返答に「正しい」「間違っている」は入っていません。
　「相手がそう考えていることは事実」なので、その事実の部分に同意してラポールを築くのです。
　これに続く具体的な会話は、
　「なるほど、南極は南だから暖かいと思うのですね！」
　「もしよければ、もう少し詳しく教えていただけませんか？」
の手順で「聞く」に入っていきます。
　単純ですよね。

否定から始まる発言でラポールは消滅する

しかし……単純なやり取りなのですが、ワークを行うとだいたい半分の人ができません。反射的に「いえ、それは間違いです」という言葉が飛び出してしまうのです。

発言が否定から始まると、ラポールは消滅します。そして、どちらが正しいかを主張するディベートが始まり、対立関係の会話に突入します。最終的にどちらが正しいかの決着がついたとしても、「双方が満足する合意は得られず、解決できない状態になる」のです。

ちなみに、技術の「正しさ」というのは、物事の一部だけ切り出してくればいくらだって作ることができます。「間違い」も、物事の一部だけ切り出してくれば理由を探し出すことは簡単です。

それでは、反射的にしてしまう**「いえ、それは……」の癖を直す**には、どうすればいいのでしょうか。

答えは、「練習」です。慣れなのです。

最初は「またできなかった！」と悔しい思いをすることがありますが、慣れるまで集中すれば3日でできます。完全に慣れれば意識しなくてもできるようになります。

それでは、技術の話題をラポールを使って進める具体的な例を見てみましょう。

会話が対立して、「何が正しいのか」の論争になってしまったケース

数値計算の値がいくつもあるデータの平均値を採用するのか、最大値を採用するのかの議論です。

> **事例** 計算結果はより安全側になる最大値を採用すればいい？
> 部長　計算結果はより安全側になる最大値を採用するのが常識だろ

う！
田中　いくつもある入力値をすべて安全側にしていたら、工学的に製品が成り立ちません。最大値は不可能です。
部長　安全を軽視するのか！
田中　安全側、なんていうだけだったら簡単ですよ。実際に製品を作るのは大変なんですよ。

　議論は平行線です。このあと、❶プロジェクト自体が自然消滅するか、❷製造の期限がきてしまい、「えいやっ」でどちらかに決める、というパターンになることも珍しくありません。

「聞く」ができ、ラポールを維持しながら双方満足な合意ができるケース

〈カイゼン〉
部長　計算結果はより安全側になる最大値を採用するのが常識だろう！
田中　なるほど、安全側になるよう最大値を採用ということですね。おっしゃるとおり、安全は重要です。もう少し詳しく教えていただいてもよろしいでしょうか？
部長　より安全側の方法があるのに、それを採用せずに、もし事故でも発生したら取り返しがつかないことになる。
田中　なるほど、もし事故が発生した場合のご心配ですね。最大値にしておけば事故の心配がないということでしょうか？
部長　いや……使い続ければもっと大きな数字が出てくるかも。でも、今できることはそれだけだろう？
田中　そうですね。今できることは最大値を採用することだと思います。でも、いくら数値を大きくしても事故を防ぐ保証は……。

> 部長　保証はないな。
> 田中　でしたら、例えば、今回の会議の目的の「発生しないように対策する」に、「発生したら事故にならないうちに検知して止める」を追加して安全を確保するのはどうですか？
> 　故障を検知する機能は何らかの形で備わっていることが多いので、その場合はあまり負担を増やすことなく対策が可能です。
> 部長　確かに。そのほうが安心できるかもしれない。
> 田中　では、仮に、一度その方向で検討してみます。

お互いが正しさを主張するのではなく、「聞く」を通じて話し相手も自分の主張の欠点に気づくことができました。

このように、一見、「正しい」「間違い」がはっきりしている技術の会話も、「聞く」を積極的に行えば、**論争だけで結果の出ない状態から、双方納得のいく合意へ着地させることが可能**になります。

振り返ってみましょう。

〈話すための「聞く」〉

☐ エンジニアは技術の「正しい」「間違い」ではなく、相手がそう考えているという事実に同意する

☐ 反射的に「それ、違います」という癖を練習で直しておく

会話が得意でないエンジニアは相手の気持ちを推測するのをやめる

「よし、自分はラポールを使った解決型の会話をするぞ！」

そう決心した後に、多くのエンジニアが持つ悩みが「"同じ"を伝えるための共通の話題がなかなか見つからない」です。

そこで、次に「あなたと話をするのは楽しい」と言ってもらえて、**準備時間がゼロでも100％話題がヒットする「聞く」の方法**を説明します。

会話はどちらかが話していれば続くのですから、自分が話すのが苦手なら、相手に話し続けてもらえば、「相手の話題に対して自分の知識はなくても問題ない」のです。

例えば、話し相手が鉄道のマニアで、最近、珍しい列車の写真を撮ったとしたら、そのことを話したいはずです。あなたに鉄道の知識がないからといって腹を立てたりはしません。むしろ、素人のあなたに「どれだけすごいことなのか」を喜んで教えてくれるはずです。

ここまでは簡単なのです。

問題は次です。

多くのエンジニアは「相手が話したい話題を外している」のです。

話が外れるのは「推測」するから

鉄道が趣味と思われる同僚と田中さんの会話です。

事例 日本最古の鉄道トンネルに行きたいでしょう？
田中 （鉄道が好きだって言っていたな。だったら、日本最古の鉄

> 　　道トンネルの清水谷戸トンネルに興味があるに違いない）
> 　　　鉄道が好きな人って清水谷戸トンネルに行きたいんでしょう？
> **同僚**　いや、私はトンネルには興味がないから……

「鉄道好きだから、日本最古の鉄道トンネルに興味があるに違いない」
　そこで、「鉄道好きなら清水谷戸トンネルに行きたいでしょう？」とピンポイントの狭い内容で会話をふってしまうのです。
　相手は「いえ、トンネルには興味がないので…」で、ハズレです。
　考えてもみてください。数多くある可能性から「あなたの推測が当たる」可能性なんてたかが知れています。ましてや、会話が苦手なエンジニアが相手の気持ちを推測して会話をするなんて、リスクが高すぎます。
　「話し相手の気持ちを考えて会話しましょう」は、よく聞く会話のコツだと言われますが、こと会話が苦手なエンジニアに関しては、**話し相手の気持ちを考えて会話することは危険ですから、思い切ってやめてください。**
　では、どうすればいいか？
　次に説明する方法で相手が話したい話題を「聞く」方法を身に付けるのです。
　振り返ってみましょう。

〈話すための「聞く」〉

☐ 会話が得意でないエンジニアは、相手の気持ちを推測しても当たらない
☐ 会話が得意でないエンジニアは、相手の気持ちを考えるのをやめる

「楽しかったこと」「何をしてみたいか」を聞けば、宇宙人とだって話せる

「相手の気持ちを考えない」「推測しないで聞く」方法は、会話を外さない「鉄板の聞く」です。例題を知っていれば簡単です。
次の例題で実践練習をしてみましょう。

《実践練習》
話し相手の鉄道の趣味で会話を進める場面です。

> **事例** 鉄道で、最近いちばん楽しかった出来事は何ですか？
> 田中　趣味って何ですか？
> 同僚　鉄道ですね。
> 田中　いいですね。鉄道で、最近いちばん楽しかった出来事は何ですか？

いちばん楽しかった出来事を教えてもらっているのですから、話題が外れるわけがありません。
ただし、この後に出てくる「あなたが邪魔をしない」ことが重要です。

> 同僚　家の近くの高架下から電車を見上げたとき、錆が混じった水が一滴、眼鏡に落ちてきたんだ。感動的だった！
> 田中　それはさすがに変でしょう……。

こう発言するとラポールは消滅します。
これが「あなたが邪魔をした」状態です。ここはラポールを創り出す

手順どおりに「相手がそう感じているという事実」に同意します。

> 田中　なるほど！　錆が混じった水が一滴、眼鏡に落ちてきたことに感動したんですね。
> 同僚　そう。大好きな映画で同じシーンがあってね……。

ここまで聞けば共感できますよね。
相手がどういう話の展開をしてくるかなんてわかりません。相手が感動したもの、楽しいと感じているものは**自分にはまだ理由がわからなくても、間違いない事実**です。
ここで意識する必要があるのは、「楽しい」という価値観は人によってまったくバラバラだということです。
例えば、バンジージャンプを罰ゲームだと感じる人もいれば、楽しいアトラクションだと感じる人もいます。
アルフレッド・アドラー（Alfred Adler）は「価値観の違いは小学校低学年頃までの環境と偶然の体験で偶然決まる」と述べています。
どの価値観が絶対的に「良い」「悪い」のではなく、**偶然に決まったものがその人の「良い」であったり、「悪い」であったりする**のです。
価値観は驚くほど多様性に富んでいて、まったく同じ人はいません。価値観は統一しようとしてもできず、私たちにできることは「**相手の価値観を理解する**」ことなのです。
ですから、話し相手が「楽しい」と感じている話題に「なるほど……ですね」と共感を示すことが、会話が途切れたりせずに盛り上がる鉄板の方法なのです。
では、「聞く」を続けましょう。

> 田中　もし、何の制限もないとしたら、次はどういう体験をしてみたい？
> 同僚　そしたら、地球の裏側に行って……。

この「聞く」も絶対に外れません。話題がない悩みはこれで解消です。

ちなみに、「どこまで聞けばいいのか」については、「意思疎通ってなんだ？」を考えると簡単にわかります。

2人が何かの話をしていても、お互いに別のものをイメージしている状態だったら？

意思疎通ができていませんね。

お互いの頭の中に同じものがイメージされている状態なら意思疎通ができています。

だから、「今の青い海というのは、例えば、南の島の海の底まで見えるような海のイメージですか」のように、話し相手と同じ画像が自分の頭に描かれていると確信できるまで「聞く」を続けて確認するのです。

事例の流れのとおりに「楽しかったこと」「何をしてみたいか」を聞いて、会話を実践してみてください。

「あの人は何を考えているかわからない。宇宙人だ」という人とでも話せるはずです。

振り返ってみましょう。

〈話すための「聞く」〉

☐「楽しかったこと」「次は何をしてみたいか」を聞く

☐「楽しい」という価値観は、人によって驚くほど違うことを意識する

☐ 話し相手が「楽しい」と感じている話題には、「なるほど……ですね」と共感を示す

大きな的からピンポイントの的へ絞れば「聞く」を外さない

　船が空中に浮かぶ蜃気楼。一見、不思議に思えますが、海面付近の空気の密度の違いで起こる光の屈折の法則を知っていれば、「ああ、あれね！」って理解できます。

　「聞く」にも同様に、皆さんを助けてくれるたいへん便利な法則があります。それは、**大きな的からピンポイントの的へ絞っていく「聞く」の法則**です。想定外の返答にフリーズしているどのような場面でも、「聞く」を続けられる状況が創れます。

　具体的な使い方を見ていきましょう。

外れない質問

　会話が始まる時点では、話し相手の考え方、価値観はわかりません。そんなときは**「外れない質問」から始めるのが鉄則**です。

　例えば、カウンセラーが来談者（相談者）にかける言葉に「今日はどうしましたか？」があります。

> **事例** 何を悩んでいるのかわからない人への質問
> カウンセラー　（悩みは仕事？　生活？　健康？）
> 　　　　　　　今日はどうしましたか？
> 来談者　　　　仕事がうまくいかなくて……
> カウンセラー　（仕事の悩みなんだ）
> 　　　　　　　例えば、仕事でどういったことがありましたか？

この「聞く」に対して、来談者（相談者）は「仕事がうまくいかなくて…」「人間関係が…」「いつも運が悪くて…」など、どんな返答でもすることができます。
　カウンセラーは「聞く」で的を大きくして、「外れない質問」にしているのです。
　これはオープン・クエスチョン（open question）と呼ばれます。
　返答が「仕事がうまくいかなくて…」なら、次の質問は「仕事がうまくいかないのは、例えば、どんなことがあったからですか？」にすれば、これも「外れない質問」になります。すると、「伝票のミスが多くて…」などの答えが返ってきます。
　このように会話を続けていくと、質問を外さずに、最終的に来談者（相談者）の置かれた状況が「自分で見たように」わかってきます。
　情報が集まると「伝票を提出する前はいつも2回見直すのですか？」のように「YESかNO」のどちらかの質問で、状況をさらに明確にできるようになります。これはクローズド・クエスチョン（closed question）と呼ばれます。
　「聞く」は「オープン・クエスチョンから始めてクローズド・クエスチョン」に進めていけば、大きな的から始めて、だんだんピンポイン

　オープン・クエスチョン（Open Question）
　「どうしました？」のような解答する側が自由に答えられる質問。コミュニケーションの初期段階で相手の考え方や問題点が明確でない状態で行う。よく知らない相手の情報が得られる利点がある。
　クローズド・クエスチョン（Closed Question）
　　Yes、Noや「AとBのどちらですか？」など質問側が解答を準備して選んでもらう質問。コミュニケーションが進み、質問の中に解答を確実に入れることができる状態で行う。質問によって状態が具体的にわかる利点がある。

トの的に当てるように、「聞く」を外さずに進めることができるのです。とても効果のある法則です。

　この法則を知っていれば、多くのエンジニアが陥っている、会話の始まり早々に「仕事がうまくいかない？　もしかして上司の指示を間違えたりしているのですか？」のような「当たる可能性が極めて低い質問」をするなどで、会話を外すことがなくなります。

　例えば、前のパートの「楽しいことを聞く」も「オープン・クエスチョンからクローズド・クエスチョン」になっていることに気がついたでしょうか？

　趣味の鉄道に対して「楽しかったこと」や「次はどういう体験をしてみたい？」を聞くのは、必ず答えが返ってくるオープン・クエスチョンです。

　それでは、「大好きな映画のシーンがありましてね」に対して、「聞く」はどうなるでしょうか？

　「鉄道関係の映画をよく見に行くのですか？」と聞けば、答えは「YESかNO」のクローズド・クエスチョンです。

　この例では、ある程度情報が集まっているため、クローズド・クエスチョンもありですが、「聞く」を外したくない人は、「どんな映画が好きなんですか？」をオープン・クエスチョンで聞いてから、次の質問をするのもひとつの方法です。

　また、「鉄道関係の映画をよく見に行くのですか？」の答えが「NO」の場合は、いったんオープン・クエスチョンで、「どんな映画が好きなんですか？」に戻ることも可能です。

　相手の返答は想像がつかないくらい変化に富んでいます。
　「何を聞けば正解か」という視点ではなく、オープン・クエスチョンとクローズド・クエスチョンの使い方を意識してください。

　これまでどうしたらいいかわからなくてフリーズしていたどんな場面でも、「聞く」を続けられる状況を創れます。

振り返ってみましょう。

〈話すための「聞く」〉
□ 大きな的で外れない質問からスタートする
□ 大きな的からピンポイントの的へ絞っていく法則を使う

行き詰まったら、解決までの時間を一瞬で半減してくれる「もし」「仮に」で聞く

　何度も内容を確認して間違いなく仕事を進めているのに、よい結果が出ない。窮地から脱出できない。考えられる方法を出しきってしまって、もう打つ手がない。そういう状態に陥ったことがありませんか？
　そんなときは、「もし」「仮に」を使った聞き方で、解決までの時間を一瞬で半減する方法を使って、窮地から脱出することができます。

工程短縮についての打ち合わせのケース

　工事の工程短縮を要求する田中さんと工事担当者の会話です。

　事例　「屋外の工事の工程を短くする」打ち合わせ
　田中　ここの工程はもう少し短くなりませんか？
　担当　これ以上無理です。もう削れるところがありません。
　田中　そうですか。例えば、もし何の制限もないとしたら、短くなる場合がありますか？
　担当　もし、工事の間、全日晴れなら、2日ほど短くできますが、天候はわかりませんから、この2日を削ることはできません。
　田中　といいますと？
　担当　雨の日は溶接作業ができないんです。
　田中　じゃ、雨の日も溶接作業ができればいいんですね？　仮に雨が降ったとしても溶接作業ができるとしたら、何があればいいですか？
　担当　もし、現場に屋根を設置できれば大丈夫ですけど……今の契

約に入っていないので無理です。
田中　（確かに屋根の設置を追加すると、この工事の費用は上がるけど……工場全体の工事が2日短くなれば簡単に元がとれる）
　　　契約を更改して屋根を設置しましょう。工程を見直してもらえますか？
担当　それなら大丈夫です。

　続いての事例は、大型容器に穴が空いたため、溶接で修理する方法を製造メーカーの担当者と議論している場面です。

事例　穴の開いた大型容器の溶接修理方法
田中　取替ではなくて、短時間で済む溶接で穴を塞ぐことができませんか？
担当　ダメです。容器の板が厚いので、規格で要求される容器の厚さまで溶接できません。
田中　仮に規格の要求がないとして、修理した箇所の強度はありますか？
担当　あります。ただし、部分的に溶接しただけでは時間とともに再び穴が開いてきますから、いずれ強度は足りなくなります。
田中　（いつまで持つか、は程度問題だな。2年くらい持てば計画的に取替用の容器も準備ができるから支障ない）
　　　もし、使用期間を5年程度に限定したら？
担当　大丈夫ですが、使用期間を限定した修理の許可は取ったことがありません。
田中　では、もし規格や許可の制限がなければ、技術的に5年間は安全が確保できる、ということですね。
担当　そうです。
田中　では、しばらく、5年限定で使用する特別認可の許可をもら

> う交渉をしますから、当面その方向で進めることで如何でしょう？

「もし」「仮に」は**既存の条件を外すだけでなく、現実の世界から離れられるため、会話の対立を避ける効果もある**一石二鳥の聞き方です。

対策に行き詰まってしまったときは「もし、何も条件がないとしたらどうします？」と聞いてみてください。一瞬で解決までの時間を半減してくれるチャンスが生まれます。

また、「もし」「仮に」**で現実から離れて出てきた答えは、そのまま現実の対策として使って問題ありません**。

振り返ってみましょう。

〈話すための「聞く」〉

☐ 行き詰まったら、解決までの時間を一瞬で半減してくれる「もし」「仮に」で聞く
☐ 「もし」「仮に」で出てきた対策を現実の対策として使う

6 モチベーションが上がる、能力が上がる「なぜ」の聞き方

　話し相手のモチベーションが落ちて「できない理由」を並べ立てている状態と、モチベーションが高くて「どんどん実行していきますよ！」という状態、どちらがいいかは言うまでもありませんよね。
　しかし、大部分の人が相手のモチベーションを下げる「聞く」をやってしまい、仕事の効率を低下させています。
　モチベーションを上げるキーワードは「なぜを聞く」ことです。
　「なぜ」を聞く原理は単純です。

> ❶「なぜ？」と問われれば脳は答えを探す
> ❷ 探し出した答えを真実だと思い込む

　多くの人は「モチベーションを下げる」「能力が下がる」場合に、「なぜ」を使っています。
　例えば、「なぜ、言われた期限を守らないの?!」という使い方です。
　「なぜ」で問われると私たちの脳は答えを探し始めるのです。

> 田中　なぜ、言われた期限を守らないの？
> 同僚　忙しいんですよ。だから期限を守れなかったんです。もともと私の能力を超えているんですよ。だから期限を守れなかったんです。

　このように「思いつく答え」を探し出してきて、それが本当だと考えるのです。

すると、次回も期限を守れない可能性が高くなってしまいます。
しかし、「なぜ」の原理がわかれば、モチベーションが上がる、能力が上がる「なぜ」の使い方をするのは簡単です。
相手が「できたとき」に「なぜを聞く」のです。

> **事例** なぜ、期限どおりに資料を提出できたんですか？
> 田中　すごいですね、なぜ、期限どおりに提出できたんですか？
> 同僚　期限は守らないといけないからね。
> 田中　でも、忙しいと無理じゃないですか？
> 同僚　忙しくても期限に間に合わせるのが責任ある社会人だよ。

子どものしつけも同じです。
「どうして家の用事を手伝わないの?!」は最悪の「聞く」になります。手伝わない理由を強化してしまうからです。
子どもは「私だって忙しい」とか「友達はやっていない」などの思いついた理由を発言して、それを自分自身で信じてしまいます。
自分から進んで手伝う子どもになってもらいたいなら……。
例えば、ちょっとした片づけやゴミをゴミ箱に入れるなどの「当たり前」でも、できている姿を見かけたときに声をかけます。

> **事例** なぜ、言われないのに家事を手伝っているの？
> 田中　すごいな！　なぜ、言われないのに手伝っているの？
> 長男　これくらい当たり前だし。
> 田中　すごいな！　当たり前にできるの?!
> 長男　何言っているの？　目の前で散らかってたら片づけるのは当然でしょう！
> 田中　そうか！　さすがだな！

上司との仲に困っている人は、
「すごいですね！　なぜ、（解決策が）わかるんですか？」と声をかけることができます。

蛇足ですが、声をかけるときは「自分に嘘をついていない」、本当にそう考えている状態で実践してください。

相手を動かすためには仕方がない、とにかく言えばいいんだなどと考えて話していると、相手にわかりますので、事態がこじれることになりかねません。

このように、できている場面で「なぜできるの？」と「聞く」ことで、相手が上司や同僚や子どもでも、簡単に**相手の「モチベーションが上がる」「能力が上がる」状態を創り出せる**のです。

振り返ってみましょう。

〈話すための「聞く」〉
☐「なぜ」を聞くと、相手の脳は答えを探す
☐ できているときに「なぜ」を聞く

「自分の意見」を「相手の意見」になるように聞く

自分で決めたことと誰かに指示されたことの違い ——。

自分で決めたことは、実行に移ったときの熱心さがまったく違ってきます。人から指示されたことは、いくらいい内容でも実行しないことが多いのです。

「こちらの意見でも、**相手がこちらの意見と思えるように聞く**」ことができれば、あなたの指示に熱心に取り組んでくれる協力者が増え、一瞬で、これまで長い時間かかっていた仕事が半分の時間で終わる状況を創ることができます。

具体的な例を見ていきましょう。

自分の結論を相手に伝えるケース（1）

製品のデータがギリギリ基準値を満たしている状態で、客先の担当者に「安全性に問題がない」ことを認めてもらう場合です。

まず、結論を自分が相手に伝える場合を見てみます。

> **事例** 基準値を満たせばギリギリの値でも合格？①（自分の結論）
> 担当　データが基準値に近い値で余裕が少ないですね。
> 田中　決められた基準値を満たしていれば合格です。安全性に問題はありません。
> 担当　これだけギリギリだと安全って言えますか？
> 田中　規則では基準以上が合格になっているので問題ありません。
> 担当　それはそうかもしれませんが……少し検討させてください。

担当者は「基準以上が合格になっていれば問題ない」との判断を採用するよう田中さんに促されている状態です。しかし、田中さんの説明を受け入れることができず、自分で「基準以上が合格になっていれば問題ない」理由を探そうとしています。

結論を相手の意見として聞くケース（1）

次に、結論を相手から聞く場合を見てみます。

> **事例** 基準値を満たせばギリギリの値でも合格？②（相手の意見）
> 担当　データが基準値に近い値で余裕が少ないですね。
> 田中　規格がある場合、安全の判断はどう考えますか？
> 担当　基準値以上であることですね。
> 田中　もし、数値があまり余裕のない状態で基準値以上の場合はどうでしょう？　不合格でしょうか？
> 担当　基準値以上だから合格ですね。
> 田中　なるほど。今回のデータは、基準値に近いものもありますが、判定はどうなりますか？
> 担当　基準値以上だから合格です。

担当者は田中さんの「聞く」によって、**自分の意見として「基準値以上なら問題ない」と発言**しています。

田中さんは基準値以上であれば合格、という疑問が生じない簡単な問いから段階を追って、「数値があまり余裕のない状態でも基準値以上なら合格」を相手の意見として引き出しています。

もう1例、「ペンを売る」という話し方のワークから紹介します。
少額であってもお金を払うとなると、「了解のハードル」は格段に高くなります。

ここでも「結論を話し相手に伝える場合」と「結論を相手から聞く場合」の違いと効果は歴然です。

自分の結論を相手に伝えるケース（2）

まず、結論を話し相手に伝える場合から見てみましょう。

> **事例** 安くなってますからペンを買いませんか？①（自分の結論）
> 田中　1,000円くらいの品物が800円くらいになっていたら、安いって感じますよね。
> 相手　ええ、まあ。
> 田中　だったらこのペンは1,000円のが500円だから安いですよね。買ってください。
> 相手　今は……ちょっとけっこうです。

いかにも押し付けられている感じがするため、相手は反発しています。

結論を相手の意見として聞くケース（2）

次に、結論を相手から聞く場合を見てみましょう。

> **事例** 安くなってますからペンを買いませんか？②（相手の意見）
> 田中　品物がどのくらいの金額と割引だったら「安い！」って感じます？
> 相手　1,000円くらいの品物が800円くらいになっていたら、安いって感じますね。
> 田中　もし、日常で使うものが安くなっていたらどうですか？　例えば、ペンとか。
> 相手　買いますね。

> 田中　なるほど。仮に、今はそれが足りてる場合は？　日用品だから消耗していくわけですけど。
> 相手　そうですね。買っておきます。
> 田中　なぜですか？
> 相手　いずれ買うことになりますから。
> 田中　なるほど、日用品なら安くなっていれば買っておくのですね。1,000円のものが800円ならってお話でしたけど、日常使うこの1,000円のペンが500円なんですよ。どうします？
> 相手　買っておきます。

　相手が安く感じる金額と割引額を聞いて、日用品なら安いものがあれば買っておくという意見を、相手の意見として聞いています。
　そのうえで、相手が望む条件よりさらに安い日用品がありますけど、「どうします？」と聞き、判断の結果を相手から聞くことで、相手の満足度が高い状態で合意ができるのです。

　日々の会話で練習すると、自分の意見を相手の意見として聞く効果が抜群であることを実感するはずです。
　振り返ってみましょう。

> 〈話すための「聞く」〉
> ☐ 相手は自分が決めたことなら実行する
> ☐ 自分の結論でも相手の意見として聞く

第 IV 章

話し方改革の戦略化

「準備」と「聞く」ができれば、話し相手が怒ることや、話題がないことで悩むことがなくなり、あなたの周囲にあなたと会話を楽しみたい人が増えていく状態を創れます。
　会話が苦痛だったかつての状態に比べれば、もう十分な効果が出ていると感じるかもしれません。
　でも、**皆さんが本当に欲しいものは「ここから」です。**
　「話す」を知ることで、自分の想いを伝え、双方が満足する着地点を見つけることができ、会話を楽しみながら自分が望む結果が手に入る状態が創れます。
　それでは、何歳になっても好きな技術で活躍したいエンジニアは読み進めてください。

会話の目的を明確にして一瞬で成果を出す

「会話って何のためにする」のでしょうか？

当たり前すぎて、「何でそういうことを聞くんだ？」と思われるかもしれません。

でも、「何のために」を理解していないと、2時間も3時間もかけて会議をしても、「これぞ」という成果が出せないのです。もし、「会議とはそういうものだ」と考えているのなら、仕事の時間が増え続け、エンジニアとして生き残るのがむずかしい状態に陥ってしまいます。

会話の目的を設定する

なぜ成果が出せないのか？

理由は簡単です。**会議の多くが「何のために会議（会話）しているのか」が明確になっていない**からです。

どうすれば「できた」ことになるのかが決まっていないと（つまり目的が決まっていないと）、いつまでたっても「できた」かどうかわからないし、「できたこと」にならないのです。

このパートでは、**会話で成果が手に入る状態を一瞬で創る「目的の設定」**について解説します。

多くの会話は、その目的を明確にするだけで、これまで迷走していた会話を成果の出る会話に変えることができます。

例えば、第Ⅰ章のケーススタディで紹介したように、田中さんは、実際はされていない指示を「指示した」と言い張る上司に対抗するために、メモを取って「指示されていない」ことを証明しました。その結果、部

長との関係は余計こじれてしまいました。

この場合、田中さんの「会話の目的」は何でしょうか。

田中さんの「メモを取る」という行動から考えると、「部長が『B案を考慮する』を指示していないことを証明する」ことが、会話の目的になっていたことがわかります。

でも、少し変だと思いませんか？

そこで、会話の目的を「あること」に変えて、田中さんと部長の会話を再構成してみましょう。

事例 指示されていない内容を指示したはずと怒る上司（目的設定）

部長　田中くん、この資料はA案がダメになったときの代替案が入っていないじゃないか。

田中　先週の打ち合わせで代替案は必要ないというお話でした。

部長　それはそうかもしれないけど、たしか、そのあとに話したはずだ。

田中　そうでしたか！　認識しておりませんでした。資料の修正が必要ですね。

部長　そうだ。訂正してくれ。

もともと部長のところへ報告にいった目的は、「資料を完成させる」ためです。だから、「何らかの事情で資料が完成していないとわかれば直ちに修正に入る」のが目的に沿った行動です。

すごくシンプルな原理です。

目的を見失なわないように意識することはとても大切です。しかし、目の前の出来事に注意が行ってしまい、つい、目的を見失ってしまいがちです。

目的を見失わないようにするにはどうすればいいでしょうか。

目的をより大きなものに変えてみる

日常の小さな出来事より、記念日のような大きな出来事のほうが忘れませんね。これと同じで、**目的がより大きい事柄であれば忘れにくいの**です。

例えば、目的を「部長に呼ばれた案件」ではなく、「仕事」や「人生」に変えてみます。

まず、目的を「仕事」に変えてみましょう。

「仕事」の目的なんて見つからない……という人もいると思いますが、大丈夫です。

結果的に会社や社会にいい影響を及ぼすのなら、目的は自分が望むもので利己的なものでもかまいません。何が正解とか、何が望ましいというものではなく、「自分が望んでいるもの」を目的にすることが大切です。

例えば、部長から「大急ぎ！ 2時間で資料を修正してくれ！」という指示が入ったとします。

仕事の目的が明確でない場合は、「なんでいつも急に仕事を押し付けるんだ！ こっちだって都合があるんだ」と不満がつのり、注意を向けるものがブレて「部長の指示の仕方の良し悪し」にすり替わったりします。

しかし、仕事の目的が「仕事で周りから尊敬されたい！」の場合はどうでしょうか。

> 部長　2時間で資料を修正できないか？
> 田中　（よしっ、実力をアピールできる！ これが解決できれば尊敬されるチャンスだ！）

このように、与えられた状況から自然に目的を的確に捉えることができるようになります。むしろ、むずかしい要求であればあるほど成果が

認められる「チャンス」が大きいと感じることができます。

判断基準を仕事や人生の目的に関連づけて考える

次に、「目的」を「家族」に変えてみるとどうなるでしょうか。
家族の場合は、目的を意識しないと、「何のために給与の大部分を家族に提供しているんだ？」などの疑問に捉えられたり、「誰のために働いてやっていると思うんだ！」という不満に陥りやすくなります。
妻のほうも「旦那は稼いでくれれば不在でいい」となって、本当に「家族は何のために？」になってしまいます。
そして、家庭が「何があっても不満」な状態に陥ると、「帰宅時間に食事ができていない」（夫）、「夫が靴下を片付けない」（妻）などの、本当に些細なことを、解消しなければならない「悩み」や「不満」だと感じて、破綻に至る場合もあります。
もし、そうなると実にもったいない話です。ほとんどの人が結婚に関して「幸せ」が目的になっているはずなのですから。
「幸せ」が目的だと意識すると、いろいろな出来事の捉え方が変わってきます。
例えば、奥さんが友人とのランチ会の帰りに雨が降っていたら？
チャンスです！
もし、あなたが駅まで車で迎えに行ければ、奥さんの幸せ度は減るでしょうか？　増えるでしょうか？
そう考えると、「駅まで車で迎えに行く」は、面倒な用事ではなく、逆にステキな出来事になります。
さらに、目的を「人生」で考えてみると、生まれてきたミッションが関係してきますから、行動のブレはもっと小さくなります。
私の場合は、かつての私と同じように、話し方で困っているエンジニアを幸せにするのが目的です。だから、研修の計画が大変だったり、時に外部に協力を仰いで「約束と違う」ということがあっても、目的を変

えたり、諦めたりすることなく、むしろ状況を楽しむことができています。

　ちなみに、「話し方で困っているエンジニアを幸せにする」という決心は自分だけでできれば格好よかったのですが、背中を押してくれたのは家族でした。「自分のために」できなくても、「誰かのためなら」できることもあるのです。

　このように判断基準を仕事や人生の目的に関連づけて考えると、対応のブレが減り、ストレスを感じることなく、いろいろな出来事を楽しめるようになります。

　振り返ってみましょう。

〈話し方改革の戦略化〉
□ 会話の目的を明確にすれば一瞬で成果が出る状態を創れる
□ 小さな目的より、仕事や人生の大きな目的に関連づける

2 会話のPDCA（Plan・Do・Check・Action）戦略

「会話の目的」が定まれば、どのようにして目的まで行きつくのか、道筋を決める段階に進みます。

技術開発や製造工程など、事業プランを立てたら（plan）、実行（do）して、チェック（check）して、改善（action）する。エンジニアが見慣れている「PDCAの仕組み」は会話でも使えます。正解がわからなくてもPDCAを続ければ、目的にたどり着けるという鉄板の会話方法です。

それでは会話での具体的な使い方を見てみましょう。

会話のPDCAは、次のとおりです。

> ❶ 会話の目的に到達するための会話内容（plan）を根拠となる仮説とともに決める
> ❷ 話す（do）
> ❸ 相手の返事と会話内容を比較して修正点を特定する（check）
> ❹ 会話内容を修正する（action）

最初の会話内容（plan）を創る段階では、手に入る情報が不足していても「これ以上、新しい情報がない」とわかったら、「話す」行動に移ってください（do）。新たな情報がない状態で「何が正しいか」時間をかけて考えても、目的に到達できる可能性は高まりません。

最初に決めた会話内容やその修正は「正解でなくても大丈夫」です。ダメなら修正すればいいからです（check）。

ただし、「だったら最初の会話内容は、"うまくやる"ぐらいでいいかな？」はNGです。

なぜそう決めたのか、その**理由がなければ**、**「修正を行う根拠」がなくなる**からです。根拠がなければ、会話は「たまたま正解に当たらない限り何度でもスタートに戻る」非効率な修正になってしまいます。

田中さんと同僚の会話から根拠となる仮説について見てみましょう。

> **事例** 技術開発が好きな同僚
> 田中　（彼は技術開発が好きだから、新しいプロジェクトに参加してくれるだろう）
> 　　　新しい技術を開発するプロジェクトができるのだけど、一緒に参加してくれない？
> 同僚　ちょっと無理かな。
> 田中　技術開発が好きじゃなかった？
> 同僚　そこはOKだけど、今2件も抱えていて……
> 田中　なるほど。（忙しいのが理由なら、次の提案は……）

根拠は、例えば「同僚は技術開発が好きだから、新しいプロジェクトの計画を話せば参加してくれるだろう」のような「仮説」でかまいません。

根拠があれば、同僚が「ちょっと参加はむずかしいです」と返答をしたときに、「あれっ？　技術開発が好きじゃなかった？」と話の内容を修正するための問いができます。

「ダメなのか。じゃ、他の人をあたろう」とスタート地点に戻ってしまうのでは、せっかく起こした行動が無駄に終わってしまいます。

もし、同僚の返事が「すでに新しいプロジェクトに2件も関わっていて時間がない」でしたら、「1件は別の人を探してくる」「既存のプロジェクトが終了して時間が空いてから参加してもらう」などというように、話の内容の修正が可能です。

最後にもう1つ。「❸相手の返事と会話内容を比較して修正点を特定する」は意識して行ってください。

多くのエンジニアは「相手の返事を聞いても、話の内容を修正しない」のです。これではPDCAになりません。**会話内容は仮説でいいので、根拠をもって創る、そしてどんどん修正していくのがコツです。**

　振り返ってみましょう。

〈話し方改革の戦略化〉

- □ 会話のPDCA（Plan・Do・Check・Action）をまわす
- □ 会話内容（plan）は情報が不足でも「これ以上情報がない」なら行動に移る（do）
- □ 会話内容（plan）は根拠となる仮説を立て、会話に応じてどんどん修正していく（check & action）

意見のない相手の意見を創って、一瞬で合意する戦略

「会話のPDCA」は多くの場合に有効な鉄板の戦略ですが、いかなるときも「万能なのか？」といえば、「ある条件」の下では、必ずしも有効とは言えません。

「会話のPDCAで対処できる」方法と「会話のPDCAで対処できない場合」の方法の2つを身に付けておけば、いかなる場面でも短い時間で合意をとることが可能です。

PDCAが使えないケース

これからお話する条件では、何時間説明を頑張ってもPDCAの戦略では解決しません。そこで、PDCAが使えない場合に、一瞬で合意できる状態を創れる方法を説明します。

例えば、上司や発注元の考えを確認して、指摘どおりに資料を修正しても、なかなか了解されない場合があります。

「さっき、A案に修正しなさい、と指示があったからB案からA案に修正したのに、今度はB案がいいのではないかと指示が出た」などです。

いくら「聞く」を行って、PDCAで話す内容や資料を修正しても、同じところをぐるぐる回るパターンです。

こういった状況に多いのは**「話し相手にこれといった意見や価値観がない」**場合です。意見や価値観がないのですから、いくら相手の意見を聞いてPDCAを続けても、相手が望む「合格点に達する」ことがありません。

ではどうするか？

「話し相手の意見を創る」のです。そして「創った話し相手の意見」に沿って話せば、確実に目的に到達（合意）できます。

意見のない相手の意見を創って、一瞬で合意する

例えば、新製品をめぐる田中さんと上司の会話です。

部長は以前に「もう少し製品のデータを充実してわかりやすくまとめるように」と田中さんに指示をしました。なお、部長は製品が問題ないことを他の部署に説明する立場にあります。

> **事例** 毎回指示が変わる自分の意見がない上司
> 田中　データを増やしました。結論として「十分信頼性があり製品として問題ない」と明記しました。
> 部長　もっとわかりやすくできないか？　それと、論点をもっと明確に。
> 田中　もう一度修正してきます。

> **事例** 修正後の再度の修正
> 田中　データ点数を従来の1.5倍に増やした結果、新たに最も低い数値が発生したものの、統計処理した結果、3σ（確率99.7％）の範囲に入っており、十分信頼性があることから製品として問題ない、としました。
> 部長　少し論点が長いなぁ。もっと簡潔にできないか？
> 　こうして修正の繰り返しが続きます。

> **事例** 意見を創って了解をもらう
> 田中　本件の概要ですが、❶この製品は回転する設備ですから、規

> 格Aで評価可能な設備に分類されまして、❷回転数が3時間、所定の数値を超えていればOKとなっています。❸その確認のためには、規格で定める回転計測器で連続で30分間計測して、❹記録用紙に記録されたすべての数値が基準を超えていることを確認できれば、規格合格が確認できます。そうすれば、製品としてゴーサインを出しても問題ありません。
> 　なので、採取したデータすべてが所定の数値を超えていることを確認していただくのが、今日のご相談の内容です。
>
> 部長　では、計測したデータを見せてもらおうか。
> 田中　データは添付1に記載しています。

おわかりでしょうか？

部長が「計測したデータを見る」と言った時点で、「了解が確定」しているのです。

このアプローチは「**フレーミング**※」と言います。

会話の始めに「今日はこういう内容で議論を進めますよ」と検討の範囲を限定したり、進め方を決めておくことで問題を起こしにくくするのです。

さらに、この例題のフレーミングでは重要な戦略を埋め込んでいます。「製品の良し悪しの判断は規格で決まっているから、あなたに責任はない」戦略です。

部長が他部署に説明する場合、「判断基準は私が考えたのではなくて、規格の基準で決まっている」のであれば、もし他部署から反対意見が出

※フレーミング：例えば、同じ景色を見ているのにズームイン、ズームアウト、角度が違うとスマホに映る景色はずいぶん違った印象を与えます。見せ方によって特定の枠組み（見え方、考え方、印象など）を与える効果を指します。

ても、規格や規格の扱いが議論の対象になるだけで、部長自身が非難されることがありません。

「誰の責任」は表だって記載することはありませんが、「あなたの責任ではないですよ」と記載する効果はかなり大きいのが現実です。

では、話を少し戻して、❶〜❹の説明の手順を見てみます。

> ❶ これは何であって
> ❷ 何が合格点で
> ❸ どんな手段で計測すればよくて
> ❹ 合格したことをどうやって確認するのか

これは、「本来ならば、判断をする役割である部長が考えるべきことを説明の形で与えている」のです。

私はこれを「思考のナビゲーション」と呼んでいます。思考を目的地まで道案内するという点で、車のナビゲーションと同じ働きをするからです。

技術の提案の場合、各人の専門分野は狭くて深いので、説明の相手がエンジニアであっても、その技術の達人でないことがよくあります。その場合、データを示すだけで判断を仰ぐと意見が迷走し、成果に結びつかないコメントが続くことになりがちです。PDCAが効かないのです。

そういう場合は、相手の意見を創る「フレーミング」と「思考のナビゲーション」が重要な戦略になるのです。

話し相手に明確な意見や価値観がない場合は、さりげなく、あなたが相手の意見を創りましょう。

振り返ってみましょう。

〈話し方改革の戦略化〉
- □ 相手に明確な意見や価値観がない場合は、相手の意見を創る
- □ 議論の範囲と目的を会話の最初で枠取り（フレーミング）する
- □ 相手に責任が生じない説明内容にする
- □ 相手の思考を目的地まで道案内（思考のナビゲーション）する

チームの一致団結で目的を達成する「価値観不統一の戦略」

「やることは賛成なんですけど、私の目的は違うんですよ」

チームで一体感をもって取り組みたいのに……どうして価値観が統一できないのか？　これは、よくある悩みです。

チーム内の価値観の扱いを誤ると、チーム力が課題の解決に集中せず、人材がそろっていてもプロジェクトが破綻してしまう原因にもなります。

あなたがその調整役の場合、どうすればいいでしょうか。

価値観は統一できない

結論からいえば、チームはもとより、たとえ家族でも**価値観は各人によって異なり**、「**統一できない**」が出発点になります。

価値観は育った環境と偶然の経験で決まるため、まったく同じという人はいません。

もし、相手の価値観を変える場合は、「価値観変更にはその年齢の半分の時間がかかる」（アルフレッド・アドラー）のだそうです。

だとすると、「目的達成にはチームとして価値観の統一が重要だ！」という考えで進めると、チームメンバーの価値観の問題にかかりきりになって、プロジェクト自体が頓挫してしまいます。

皆さんは次のような会話の経験がないでしょうか？

> **事例　プロジェクトに協力する理由（価値観の衝突）**
> 担当A　技術開発には賛成なんですけど、私は利益のためって反対なんですよ。世の中のために新しい技術を開発したいんです！

> 田中　何を言っているんだ！　企業である以上、利益がなくてはやっていけないだろう。
> 担当A　そういう姿勢だと社会から信頼されなくなりますよ。

これでは、いくら話をしても「そうですね！　ではその考え方で目的に向かって頑張りましょう」とはなりません。

価値観は統一せずに尊重する

ここで、価値観が統一できないことを考慮すると、対策はおのずと見えてきます。

> **事例** プロジェクトに協力する理由（価値観の尊重）
> 担当A　技術開発には賛成なんですけど、私は利益のためって反対なんですよ。世の中のために新しい技術を開発したいんです！
> 田中　いいね！　世のためにぜひ、この技術を開発しよう！
> 担当B　私は世のためでも会社の利益のためでもない。将来の自分のキャリアのために新しい技術を開発したいんです。
> 田中　いいね！　君のキャリアのためにぜひ、この技術を開発していこう！

各自の目指す目的や価値観が違っても、**結局は、プロジェクトが目指す技術の開発や、チームの各人が実行する内容は変わらない**のです。プロジェクト・マネジャーである田中さんは、担当者A、担当者Bのそれぞれ違う価値観を尊重して、プロジェクトが目指すものに参加してもらいました。

田中さんは「価値観不統一の戦略」を家庭でも使っています。
例えば、田中さんが家族旅行で、同じ体験を共有することで、家族の

つながりを強くしたいと考えた場合です。

> **事例** 家族それぞれの北海道に旅行する理由
>
> **田中** 北海道に大自然を体験に行かない？
> **長男** えー、それってパパの趣味でしょ。何か面白いものあるの？
> **田中** （行けばわかる。でも、ここで議論しても仕方がない）
> 　　　北海道でしか見られない特別イベントを用意しているよ。
> 　　　（オホーツクの野付半島のトドワラで野生の鹿と出会う）
> **長女** ヒマだと嫌だな〜
> **田中** OK！ リゾートホテルを予約しました。
> **妻** 美味しいものとか？
> **田中** もちろん！ カニの食べ放題を用意しました。
> **妻** カニの身をむくのが面倒そう。
> **田中** パパがむきます。
>
>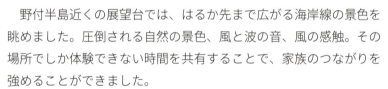
>
> 　野付半島近くの展望台では、はるか先まで広がる海岸線の景色を眺めました。圧倒される自然の景色、風と波の音、風の感触。その場所でしか体験できない時間を共有することで、家族のつながりを強めることができました。

「価値観不統一の戦略」では、「あなたの価値観は何なの？」というありのままの理解がキーになります。**価値観は、統一するものではなく、理解するもの。**相手の希望や想いをしっかり聞きましょう！
　振り返ってみましょう。

> 〈話し方改革の戦略化〉
>
> ☐ 達成できる目的が同じなら、各自の価値観は統一しない
> ☐ 各自の価値観をありのままに理解する

第Ⅳ章　話し方改革の戦略化

 ## 正直に伝えながら欠点が目立たない「情報の形容詞化戦略」

　皆さんは「少し欠点があるのだけれど、全体としてはおすすめ」の情報をどのように伝えていますか？

　欠点は正直に伝えなくてはなりません。でも、その欠点を話した後で、全体として問題ないことを理解してもらうのに何時間も時間を費やしていると、仕事が片づかずにどんどん増えて対処できなくなってしまいます。

　そこで、正直に欠点を伝えつつ、一瞬で了解してもらえる状態を創り出すのが「情報の形容詞化」です。

　次の事例で具体的に見てみましょう。

> **事例** ポンプの性能を形容詞化して説明
> 田中　ポンプAは高い場所まで水を送り出す性能は優れているのだけれど、送り出せる水の量は少ないという特徴を持っています。
> 部長　送り出せる量が少ないのは困るんじゃないの？
> 田中　過去の使用例で不足したことはありません。
> 部長　でも、いちばん厳しい場合の余裕が5％だと大丈夫かな。
> 田中　大丈夫です。そこは……

　田中さんの会話から、ポンプの性能を説明した箇所を抜き出してみましょう。

> 「ポンプAは高い場所まで水を送り出す性能は優れているのだけれど、送り出せる水の量は少ない」

117

よく見かける文章ですね。いい点を強調したくて先に記載した結果、最後の言葉の「送り出せる水の量が少ない」（欠点）が結論として残りやすくなってしまっています。

　一般的に、**日本語は最後の言葉が結論として頭に残る**ので、「言いにくいことは先に、アピールしたいことは**最後に**」するのが原則です。

　例えば、「彼はよい人だけど、時間にルーズだ」と、「彼は時間にルーズだけど、よい人だ」では、後者のほうによい印象が残ります。

　では、情報の中身はそのままで、ポンプAが「いい印象」になるように表現してみましょう。

> 「ポンプAは送り出せる水の量は少ないが、高い場所まで水を送り出す性能は優れている」

　前よりよくなりましたが、「ポンプAは送り出せる水の量は少ない」が1つの文章になっているので、「送り出せる水の量が少ない」という印象がまだ強く残ってしまっています。

　話を聞いた側は、「送り出せる水の量が少ない」という欠点と「高い場所まで水を送り出す性能は優れている」といういい点を天秤にかけて、情報を判断しなければなりません。

　そこで使うのが「情報の形容詞化」です。

　次の文章を見てください。

> 「送り出す水の量が少ないポンプAは、高い場所まで水を送り出す性能に優れている」

　情報の中身は同じなのに、これだと「送り出す水の量が少ない」はそういう事実を伝えているだけで、欠点だという印象が薄くなります。

　このように、（欠点を）**形容詞化すると、相手からコメントが出にくくなって、説明が短時間で終わる**ようになります。

「情報の形容詞化」はかなり便利なので、もう1例紹介しておきます。

> 「A製品は回転機器である。したがって、B規格で性能を評価すればよい」

この文章の場合、説明される側は、本当に「したがって」が問題ないか判断する必要があるので、A製品が回転機器であるか、回転機器は本当にB規格で性能を評価すればいいのか、などの判断に必要な情報を得るための質問が出るのです。

そこで「情報の形容詞化」です。

> 「回転機器であるA製品はB規格で性能を評価すればよいため、……」

この表現を使えば、質問が出にくい状態を創れるのです。

欠点は最初に持ってくる、形容詞化する」という戦略を使えば、これまで何時間もかかっていた説明が一瞬で終わる状況を手に入れることができます。

振り返ってみましょう。

> 〈話し方改革の戦略化〉
> ☐ 欠点は最初に、了解してもらいたい結論は最後に持ってくる
> ☐ 欠点は形容詞化すれば、良し悪しを判断するための質問が出にくい

アンラッキーを話し方ひとつで チャンスに変える戦略

「こんなはずじゃなかったのに……」

計画にはとかく想定外の事態が発生します。

でも「想定外だからダメだ……」はもったいない!

例えば、想定外で「くっつかない接着剤」ができてしまったアンラッキーな発明。今では「はがせる。何度でも付けられる」ポスト・イット(3M)として付箋の代名詞のようになっています。

一見、アンラッキーに見える変化は「自分の知識の外」からやってくるので、**ブレークスルーをもたらす変化のパワー**を持っています。

会話の最中に相手から発せられる**「想定外の発言」はチャンスの宝庫**なのです。

このパートは実用上かなり重要なので、仕事、生活、家族など、いろいろな事例を紹介します。

それでは、話し方ひとつでチャンスに変わる「アンラッキー」の具体的な使い方を見ていきましょう。

事例 受講生に突然さえぎられた市民講座

田中さんが、ある市民講座でエネルギー供給の解説をしていたときのことです。

田中 私たちは激安の石炭や石油を使っている、と聞けばそんなことはないと感じる方もいるんじゃないでしょうか?

私たちは、1リットル50円程度で(2018年8月現在、1バレル約70ドル、1ドル約110円)、約40 MJものエネルギーを利用しています。お米1kgはおおよそ14 MJなので、お米1kg

の熱量に相当する石油はたった16円程度なのです。
　今日は江戸時代の生活費を確認したいと思います。
昔は石炭も石油もありませんでした。だから、例えば、江戸時代の生活費を現在と比較することで『私たちの生活とエネルギー』の理解を進めようと考えた講義でした。しかし、聴講生の一人が「エネルギーの講義なのに、江戸時代の生活費を確認しても意味があるとは思えない！」と発言し、講義をさえぎりました。

もし、皆さんが講師だったら、この状況はアンラッキーでしょうか？その際のやり取りです。

田中　ありがとうございます。そう思っているのに口に出してくれない方は多いのです。木村さん、さすがですね！
　もちろん、私なりの考えがあってこの講義を組み立てていて、最後まで聞いていただけると意味がわかってもらえると考えています。

　しかし、もし、皆さんが聞きたくない、と思っているのなら、講義をする必要はないと考えています。講義はいやいや聞いていても頭に入らないからです。
　ですから、決をとります。このまま続けて聞いてみるか、講義を止めるか、どちらかに挙手してください。
その結果、講義に意味がないと発言していた人も含めて、全員が継続に挙手しました。聴講者が聞きたい、という状態で講義ができたため、その日は、いつもより活気のある講義にすることができました。

もし、「講義の邪魔をしないでください」や「質問は後でしてください」と返答をしたらどうだったでしょうか。気まずい状態で講義が進み、田中さんも嫌な気持ちで講義を終えるところでした。

想定外をチャンスにするのか、アンラッキーな出来事にするのか、話し方次第で変えることができるのです。
　同様の事例は仕事でも見かけます。

事例 約束の時間に遅れた取引先

　以前の田中さんは「時間を守れないなんて非常識だ！」と怒っていました。
　しかし、今では……

田中　（先方が遅れた！　きっと遅れたことに申しわけないって感じているだろう。ラポールを強化するチャンスだ！）

担当　遅れてすみません。

田中　いいえ、来ていただければ十分です！　道中大変でしたね！本日はよろしくお願いいたします。
　ところで、今日は、ぜひ結論を出したいお話があるのですが……。
　（切り出しやすくなってよかった！）

次は、設備の修理の認可に関するケースです。

事例 部品にひびが入った製品の強度評価

　設備の部品にひびが入ったことがわかったのですが、ひびを計測しても誤差が大きくて正確な大きさがわからない状況です。

担当　困りました。ひびの大きさが正確にわかりません。大きさを特定しないと修理の許可が下りません。
　これまで、誤差のある数値を提出すると数値の信頼性の議論で許可が出るまで長い時間がかかっています。

田中　ひびの大きさが部品全体と同じだったら、それ以上の大きさのひびはないよね。

> 担当　確かに。部品1つがなくても設備の安全性に問題がないことは計算できます。
> 田中　では、正確な大きさがわからないのではなくて、「ひびの大きさが部品全体と同じ大きさと仮定して、絶対安全側の評価をしました」で説明しよう。

この伝え方で、これまでにない短い期間で修理の許可を得ることができました。
この件には続きがあります。

> 「ひびがあるのがわかっている状態で設備を使用すること自体に問題ないのか？」という相手側の質問です。
> 「最大のひびの大きさを、強度の寸法に反映して計算しています。つまり、ひびの形をした隙間がある構造として設計しているのと同じです」

この件がひとつの例となって、「ひびの状態が特定できていれば、まったく同じ形に修理しなくても、必要な性能が確保できていればよい」という前例が広まり、設備は以前よりも断然短い期間で修理することが可能になりました。

次は日常の事例です。

> **事例** 解答用紙を1枚見逃した長男の模擬試験
> 田中　どうだった？
> 長男　最後に解答用紙をチェックしたら1枚飛ばしているのに気がついたんだ。
> 田中　（以前なら「ちゃんとチェックしないからだ！」とか言ってたな）

>　　それでどうしたの？
> 長男　残り3分で解答できるところはできるだけ書いた。でも点数はすごく下がるんじゃないかな……。
> 田中　3分しかないのに最後までパニックにならずに努力できたってすごいな！　この失敗がなかったら本当の試験でミスしていたかも。模擬の意味があったじゃないか！　本当の試験ではどうしたらいい？
> 長男　絶対、用紙を飛ばしていないか確認する。
> 田中　そうか。それはすごいな。
> 　　（いくら説教してもやらないけど、これなら身につく！）

　こういった教育の場面は望んで得られるものではないですよね。これをネガティブに捉えて「叱る」に使うなんてもったいないって思いませんか？

　アンラッキーは「**それまでの自分の知識から見ればアンラッキー**」**なだけ**です。本当は、想定していなかった「ただの変化」「ただの出来事」なのです。

　話し方を少し工夫することで、これまで長い時間がかかっていた説明を大幅に短くできたり、双方がより満足する着地点が見つかります。

　アンラッキーをチャンスに変えて大いに活用しましょう！

　これはやりがいのある「知的ゲーム」だと思いませんか？

　振り返ってみましょう。

〈話し方改革の戦略化〉
☐ アンラッキーは「それまでの自分の知識」にはないただの変化
☐ 声掛けで、アンラッキーはブレークスルーをもたらす大きなチャンスにできる

話し方を楽しんで身に付ける「ゲーム化戦略」

　何かを習得しようとすると、長い時間の練習が必要になります。ほとんどの人が途中でやめてしまいます。「練習しなきゃいけない」は、どちらかといえば「嫌なこと」なので、続かないのです。
　その一方で、ゴルフはどうでしょうか。報酬が出ないどころか、自分で費用を払って懸命に練習し、プレーにいそしんでいる人がいます。
　ゴルフは趣味だから？
　もし「やらねばならない」嫌な練習が趣味になる方法を使うことができれば、楽しんでいるだけで達人になれる状況を創り出せるのです。
　田中さんの「話し方をゲームにする」例を具体的に見ていきましょう。

交渉を楽しむ

> **事例** 環境を無視したコスト最優先の提案
> 　客先が製品開発において環境を重視しているのか、コストを重視しているのか、まったくわからない状態です。
> 　以前の田中さんは当たりさわりのない「環境と製品を適切にバランスさせた製品が消費者に受け入れられやすいと考えられ……」のような「もしかしたら当たり」の提案をしていましたが、結果はこれまで当たりだったことがありません。
> 　どうせわからないのなら……田中さんは、「絶対外れの提案」で、普段はない会話を楽しんでしまおうと考えました。
> 　田中　インパクトを与えるために環境は無視してコスト最優先で行きましょう！

担当　環境を無視?!　いくらなんでも、それはありえないでしょう?!
田中　そうですね。でも、コストは下がるし、世間の目を引きますよ！
担当　そうだとしても、程度問題ですよ。環境無視は困りますよ！
田中　ダメですか？　ところで、程度問題といいますと？
担当　コストを重視しているものの、同時に環境にも配慮しているとかの記載が欲しいってことです。
田中　なるほど！　それは理解していませんでした。環境にも配慮、といいますと？　具体的には？
担当　製品製造はすべて再生可能エネルギーでまかなわれている、とかですね。
田中　そうだったんですね！　当製品は実際そうなんですよ。では、そのように修正してきます。
　　　（次はどういう作戦でいけば面白いかな？）

次は日常での事例です。

事例 雨の家族旅行を忘れられない思い出に変える作戦

　沖縄の青い海と青い空……のはずが、連日の季節外れの雨です。この状態だと滞在中はすべて雨になりそうです。
　田中さんは雨を笑いに変える作戦を考えました。
田中　ここだ！　エメラルドグリーンの美しい海と白い砂の海岸！　みんな、車から降りて、素晴らしい景色を頭の中で想像するんだ！
長女　パパ、やっぱり変……。
田中　はい、そこの女の子、目をつぶって1分間想像、行きますよ！

　それから3年が経ちました。

> 長女　沖縄に行ったとき、パパが雨の中で「素晴らしい景色を想像するんだ！」とかおかしなこと言ってたよね。あれだけは覚えているわ。
> 田中　（忘れられない家族の思い出、確かに創れました！　以前だったら気まずい雰囲気になっていたな。次回は何がくるか楽しみ！）

楽しめるルールを見つける

　楽しみ方は人それぞれです。何を選んだらいいかわからないときは、「自分が楽しいと感じる」選択肢を選ぶことにしておくのは効果的な戦略です。

　技術的な問題も、**A案とB案が決めがたい状況になったら、より楽しくなりそうな案を選ぶ**のです。

　例えば、それが日本初の構造設計だったら「あのときは上手くいけば日本初だと思ってA案を採用した結果、……」など格好の講演ネタにも使えます。そう考えると、ストレスを感じていた仕事も楽しくなりませんか？

　では、逆に楽しいはずの作業を「つまらなくする」方法も見てみましょう。

　「楽しむ」と「つまらない」が少しの工夫で逆転するのがわかります。
　例えば、ゴルフです。

> **事例** ルール変更でつまらなくなったゴルフ
> 　優勝者を、「少ない打数でカップインした人」ではなくて、「OB（コースから外れたボール）のいちばん少ない人」というルールに変更します。

そうすると、勝つ基本戦略はOBにならないように距離を刻んで球を進めるのが最も有利です。池があれば、池に落ちないように小刻みに池の周囲を回り込んで球を進めます。もう豪快なショットも、瀬戸際のハラハラするショットの場面もありません。

皆さんはこのルールでゴルフをしたいと感じますか？
「ボールを打つ」という行動は同じでも、ルールが違えば「楽しい」と「つまらない」が一瞬にして入れ替わってしまうのです。
では、エンジニアの皆さんは、次の話を聞いたことがないでしょうか。

事例 不適合を数えて企業活動の品質を上げる
　「ルールに沿わない不適合を少なくして企業活動の品質を上げるために不適合を数える！　不適合を起こしたら始末書で水平展開だ！」

データのミスを見つけると「どうして間違えた！　この改善対策を使えば、次は間違わないな?!」と再発防止の言質がとられます。
　場合によっては、ニュースで「データミス」と報道されます。
　その結果、どういう気持ちが起こるでしょうか？
「品質保証活動なんて、関わりあいたくな……」ですよね。
　でも、これもルールを変えることは可能です。

事例 適合を数えて品質保証活動を楽しむ
　「不適合を数えるのではなくて、適合を数えるルールにする」
　さらに、「適合の数を競うのであれば、チェックする箇所（適合数）が増えるように、チェックが必要になる規定類を新たにつくる」

　こうすれば運用規定の制定の推進も自主的に行えて、品質をチェックする頻度が自動的に上がります。

皆さんはどちらが楽しいと感じるでしょうか？

努力は**ルール次第で、長く楽しみながら続けることができるか、つまらなくてすぐにやめてしまうのかが決まる**のです。

「あなたが楽しめるルールを見つける」、これが話し方が上達するための戦略なのです。

振り返ってみましょう。

〈話し方改革の戦略化〉

☐ 話し方を楽しめる方法を見つける
☐ 迷ったら楽しいと感じる選択肢を選ぶ

第 V 章

エンジニアの話し方はこう変わる！

これまでの解説で問題点、準備、着眼点、対処方法、フレーズなどひと通りの話し方を理解できたと思います。
　しかし、現実にはこれで話せるようになるのはむずかしいのです。
　例えば、**英語の辞書を渡されて「会話してください」と言われてもできない**のと同じです。**例文が必要なのです。**
　そこで、実際の会話から、なぜその言葉が選ばれているのか、どうしてその流れにしているのか、がわかるように例文とあわせて解説を準備しました。
　会話のつながりや考え方の理解が進めば、あなたの仕事、家庭での応用の場面を広げることができます。
　それでは、皆さんなら「具体的にどうする？」を想像しながら読み進めましょう！

　なお、実践では、「自分を守らない」「笑顔」「頷く」「目線を合わせる」「姿勢を伸ばす」などの環境の整備もしっかり行ってください。

第Ⅴ章　エンジニアの話し方はこう変わる！

部長との対立が深まり、何度も修正を指示されていた資料の修正が、1回で完了

　田中さんが部長から指示を受けた資料の提出を巡る出来事です。
　田中さんは、設備を設置する鋼製の床材について、床材の継ぎ目の接続方法を2案作成しました。
　A案は「土台から床材は支持のみとし、床材同士を結合しない」もの。B案は「土台から床材を支持するとともに、床材同士をボルト結合する」ものです。
　設備の重さで床がたわむと、A案は継ぎ目に段差ができる欠点があり、B案は継ぎ目が発生しないものの、たわみによる床材の回転モーメントでボルトに大きな応力が発生し、ボルトの長期的な健全性が議論になります。
　部長の指示ミスを証明するためにメモを提示して部長との溝を深め、資料の修正を何度もしなければならない状況だった田中さんの対応の「Before After」です。

《ケース・スタディ 1-②》
 事例 　指示されていない内容を指示したはずと怒る上司を味方に
〈これまでの田中さん〉
部長　田中くん、この資料はA案がダメになったときのB案が入っていないじゃないか。
田中　いえ、先週の打ち合わせでB案は必要ないというお話でした。

➡　否定から入ったために会話は対決の方向へ。

部長　それはそうかもしれないけど、状況が変化しているだろう？
田中　部長に確認しましたけど、確かに要らないと言われました。

➡ 「どちらが正しいか」を会話の目的にした論争が始まった（田中さんは会話の目的を意識していない。そのため、目の前の話題に焦点を移してしまった）。

部長　そんなはずはない。
田中　ここにメモがあります。間違いありません。

➡ 自分が正しいことを証拠で確定させ、部長を追い込んだ。

部長　もうわかった。とにかく、必要なんだから訂正してくれ！
　　　（だいたい、言った言わないじゃないんだよ。仕事を進めてくれないかな！）

問題点の概要

　田中さんの会話の問題点は、「自分が正しいことを証明する」が根底にあることです。そのため、事実と違っている相手の意見を否定する発言から始まり、自分の正しさを認めさせることが目的になり、対決姿勢をエスカレートして、資料の修正が置き去りになっています。
　業務の目的は「資料の完成」です。会話の目的を「資料を修正する」とし、部長と田中さん双方が合意できる着地点を探す会話に変えると、どんな変化が起こるでしょうか？

〈これからの田中さん〉
部長　田中くん、この資料はＡ案がダメになったときの代替案が

入っていないじゃないか。
田中　先週の打ち合わせで代替案は必要ないというお話でした。
部長　それはそうかもしれないけど、確か、そのあと話したはずだ。
田中　（指示はなかったけど、資料の変更が必要なのだな）
　　　そうでしたか。メモを取って確認したはずでしたが、聞き逃していたかもしれません。

➡　メモを取っていた、という事実をさりげなく伝える。
➡　ただし、部長に呼ばれた目的は資料の変更だとわかっているので、実際に指示があったかどうかは話題にしない。

部長　（そうか、言ってなかったかも……）
田中　訂正はいつまででしょうか？

➡　話題を目的（資料の訂正）に戻す。

部長　部門間の調整が必要だ。2時間以内だ。
田中　なるほど、調整が必要なんですね。2時間は厳しいですね。

➡　同意でラポールを創り出す。ラポールがあるため、感じていることをありのままに共有できる。

田中　（時間がない。案を考えてチェックしてもらっていては間に合わない。ここで資料を確定してしまおう）
　　　今回反映するのはB案で間違いないですか？
部長　そうだ。
田中　ありがとうございます。時間があまりないので、念のために少し確認させていただいてもよろしいでしょうか？

➡ 「ありがとうございます」でラポールを創り出す。「念のため」で現実の判断を迫る言い方を避ける。

部長　なんだね？
田中　ありがとうございます！

➡ ラポールを強化。

田中　（部長が考えていることを大きなところから明確にしていこう）
　　　全体のイメージですが、例えば、B案を記載するとしたら、ボルト結合を成立させる構造設計はけっこうむずかしいかもしれません。B案は前面に押し出すイメージでしょうか、それとも目立たない形でしょうか？

➡ 「イメージ」で現実の判断に直面する言い方を避ける。「例えば」で本音を聞き出す。「むずかしいかも」で断定を避けて衝突を回避する。

部長　（そういえばそこまで考えてなかったな……）
　　　君はどちらがいいと思うんだ？
田中　（わからないな。部長の意見が明確になるように、何か理由をつけて回答を提示してから意見を創っていこう）

➡ 相手が明確な意見を意識していない場合、相手の意見を創っていく。

田中　もし前面にB案を押し出すと、A案の「段差が出る」が、実際は2mm程度でほとんど無視できる程度なのに、必要以上に深刻に見えるので、どちらかといえば添付がいいかなと感じます。

第Ⅴ章　エンジニアの話し方はこう変わる！

➡ 「どちらかといえば」で強い対峙を回避する。「思考のナビゲーション」で考え方を共有する。

部長　しかし、きちんと両方の事態を考えて案を準備しているのをアピールするほうが安心してもらえるだろう。

➡ 田中さんが「どの意見を述べても反対の発言が出る」可能性がある状態。しかし、それはそれでかまわない。最終的な結果は客先の意見で決まるため、社内の意見が理由をもって統一されていればOK。部長は自らの発言で自分の意見を認識した状態。

田中　なるほど！　例えば、本文にA案とB案を並列で記載するイメージでしょうか？

➡ 「なるほど」でラポールを構築する。「例えば」で現実の判断を避け、徐々にオープン・クエスチョンから質問の具体化を進めていく。

部長　そこまでは……。
　　（行きすぎはわかるけれど、でも、具体的にどうしたらいいか……）

田中　（方向としてはいいけど、打ち出す強さの程度が違うみたいだな）
　　強すぎますか。でしたらA案がメインで、例えば、本文に『なお、代替案として床材をボルト結合するB案も添付する』程度の記載のイメージでしょうか？

➡ 目的を打ち出す程度の合意にフレーミングする。
➡ 「例えば」で現実の判断を避けながら、質問を意見の方向性を

確認するオープン・クエスチョンから具体案を確定するクローズド・クエスチョンへ移していく。

部長　そうだね。(そんなところかな)
田中　(どうも部長の返事が弱いな。修正後に変更されるかもしれない。そうなると間に合わない。あらかじめ欠点を見せて意思をしっかりさせておこう)
　　　もしその記載ですと、B案の説明は本文を見ただけではわかりません。支障ありませんか？
部長　先方に『床材をボルト結合する場合としない場合の両方を考えたうえで案を準備しています』という姿勢がわかるから問題ない。

➡　とっさに出た返答かもしれないが、部長自身が現案で問題ないことと、その理由を述べることで意思が確定した。

田中　なるほど、さすがですね！

➡　ラポールの構築と結論の補強。

田中　では、その案で至急直してきます。
　　　(これなら30分で完了だ！)

　田中さんが「修正します」だけで部長の意見を確認せずに修正した場合、部長も確たる意見がないために「ここの記載は違う」といった修正が何度も入る状況でしたが、修正の指示を受けたその場で、お互い納得する結果を確認することで、1回の修正で完了することができました。

第Ⅴ章　エンジニアの話し方はこう変わる！

 ## 「解析は不可能です」と
正直に伝えて了解してもらう

　田中さんは、以前の打ち合わせで、客先から地震時の設備の塑性変形振動挙動について、空気抵抗を考慮した3次元時刻歴で解析したデータを提出するよう要請を受けました。しかし、要求を満たせる高度な計算ができるソフトウエアが存在しません。
　なお、地震時の設備の変位は小さく、全体の判断に影響を与えるほどではありません。

《ケース・スタディ 2-②》
 事例 技術的に困難なオーバースペックの解析を取り下げてもらう
〈これまでの田中さん〉
田中　（要請されていたのに出来上がる見込みがない……解析をしても結論は変わらないし、できれば説明せずにすませよう）
　　　　前回のコメントを反映した資料です。
　　　（気付かれなければ黙っておこう）
担当　あれっ、前回お願いした解析が入ってないですよね。

➡　相手が発見したことで合意のレベルが上がってしまった。

担当　（見過ごしたらそのままにするつもりだったのか？）
田中　でも、そこまで厳密な解析は必要ないと思います。変位の絶対量が小さくて全体からすれば影響は軽微です。

➡　相手を否定することで対決の関係に入った。自分の意見を認め

139

させる攻撃の会話を行った。
担当　大きくても小さくても数値の証明ができないのなら、受け取るわけにはいかない。

➡　相手は防御の攻撃に走り、その結果、振り上げた拳を下せなくなった。

田中　（まったく彼には工学のセンスがない。どうすればいいんだ…）

問題点の概要

　田中さんは工学上の結論が変わらないという理由で、黙って事を済ませようとしたことを相手から指摘され、相手の信用をなくしました。また、相手の意見を否定し、自分の意見を通そうとしたことから、相手の過剰な反撃をまねく結果になりました。

〈これからの田中さん〉
田中　（要請されているけど出来上がる見込みがない……できないものは早く相談しよう）
　　　おおむね前回の指摘を反映した資料が用意できました。

➡　合意によりラポールを創り出す。

担当　それはありがとう。
田中　こちらこそ。しかし、今日お持ちした資料で一部だけ空欄のところがあります。

> ➡ 都合の悪いことは自分から切り出す。
>
> 田中　努力したのですが、じつは要求に合う解析ソフトが存在しないのです。
>
> ➡ 事実は隠さずに伝える。自分を守らず、解決を最優先にする。
>
> 担当　できていないのはそこだけですか？
> 田中　できていないのはそこだけです。
>
> ➡ ゴールが近いことを伝え、相手が解決してしまいたいという思いを創る。
>
> 田中　従来から基準適合の説明に使われている2次元の解析でしたらすぐに可能です。今回は大規模な塑性変形はありませんから、従来どおり設備が最も振動する2方向を解析して、厳しいほうの数値を使用します。
>
> ➡ 解決方法のフレーミングと思考のナビゲーションで解決策を示す。
> ➡ 近似解であるが、従来から使用されている解析であり、担当者に責任が生じないことを説明。
>
> 担当　従来どおり説明がつくのですね。ではその方向で……。

　大きな方向性は合意どおりであること、解決が近いことを伝えて、相手が協力してくれる流れを創りました。また、**都合の悪いことは自分から切り出す**とともに、代替案が一般的なもので、相手の責任にならないことを伝えることで合意を得ることができました。

「お前と話をするのは不愉快だ」と話を避けられていた同僚と談笑

田中さんと同僚、職場の休み時間の会話です。
「自分の価値観」で同僚を「クレームをつけるのが上手」だと褒めたつもりで、相手を怒らせていた田中さんの対応の「Before After」です。

《ケース・スタディ3-②》
事例 クレームを話題にすると不機嫌になる同僚を笑顔に
〈これまでの田中さん〉

同僚　この前、家族と温泉に行ったら、部屋のお湯の出が悪くて。フロントに伝えたら近くの有名温泉のチケットをもらえて家族が喜んでね。

田中　（もし、自分が彼の立場ならどう感じるかな。クレームを言えば何かもらえるなんて「得した」って感じるだろうな）
　　　クレームをつけるのが上手いと得ですね！

同僚　オレはクレームをつけたわけじゃないよ。

田中　（ヤバイ、何だか怒っている。別に間違ったことを言っていないことをわかってもらわなきゃ）
　　　でも、実際にチケットをもらっていますよね？　それに、私はクレームをつけるのが悪いなんて言ってないですよ。

➡　否定から入ったために会話は対決の方向へ向かった。また、自分を守る（自分は間違っていない）発言でラポールは消滅した。

同僚　………。

田中　（自分だけがそう思うのではなくて、一般的にそうだとわかってもらおう）

　　　最近、悪い噂はSNSであっという間に拡散するから、ホテルはお客様に気を使っているし、クレームを言えばチケットや割引がもらいやすいって新聞に出ていました。やっぱりクレームをつけると得ですよね。

➡ 第三者の意見で証明することで、自分の意見（価値観）の正しさを証明し、同僚を追い込んだ。

同僚　もういい！　お前と話をするのは不愉快だ！

➡ 同僚は自分の価値観を田中さんに決めつけられたことで強い不快感を感じた。

問題点の概要

　田中さんは相手の気持ちを「自分の価値観」で考えています。また、同僚が「（自分の価値観は）そうではない」と伝えようとした際に、証拠を挙げて自分の発言が間違っていない説明をし、同僚の感情を逆なでして怒らせてしまいました。

〈これからの田中さん〉
同僚　この前、家族と温泉に行ったら、部屋のお湯の出が悪くて。フロントに伝えたら近くの有名温泉のチケットをもらえて家族が喜んでね。
田中　家族が喜んだんですね。それはよかったですね。

➡ 共感を伝えてラポールを創り出す。

田中　（家族が喜んだのは何だろう？　聞けばわかる）
　　　ご家族はどういうところをいちばん喜びました？

➡ 自分の価値観で推測せずに、「喜んだこと」を絶対外れないオープン・クエスチョンで聞く。

同僚　その温泉には露天風呂があってね、自然を見ながら温泉に入れたのをとても喜んでね。
田中　（無料でもらえたから喜んだんじゃないんだ）
　　　露天風呂ですか。それはよかったですね。

➡ 共感を口に出すことでラポールを創り出す。

同僚　せっかくの家族旅行だから、家族に心から満足してもらいたかったんだ。
田中　（彼の価値観は「家族の満足」なんだな）
　　　（チケットはクレームをつけてもらったのかな？　聞けばわかる）
　　　フロントにはなんて言ったんですか？　ぜひ知りたいですね。

➡ 「フロントにどういったクレームを言ったんですか？」より、広い外れない質問をする。

同僚　せっかくの家族旅行だから、もし追加料金が必要なら払うから別の部屋に替われないかってお願いしたんだ。
田中　（すごいなぁ。自分ならクレームをつけてしまうな……）

　　　　すごいですね！　私だったらクレームをつけてしまいます。

➡ 「すごいですね！」と、「私だったら」の自分を守らない自爆発言でラポールを強化する。

同僚　そうしたら、部屋を無料でワンランクアップしてくれて、よろしければってチケットもくれたんだ。
田中　すごいですね！　温泉旅館もお客様を大切にしていますね！

➡ 「すごいですね！」の共感でラポールを強化する。

同僚　あの温泉には家族もまた行きたいと言っている。
田中　いい家族旅行になりましたねぇ。

➡ 共感でさらにラポールを強化。

　田中さんは自分には想像がつかない同僚の価値観に沿って話をするために、「相手に話してもらう」を軸にしました。また、相手が返事を返しやすい広い意味にとれる質問（オープン・クエスチョン）で話を進めました。また、会話中も何度もラポールを強化することで、最後まで仲のよい関係で会話を終えることができました。

説得しても仕事をしてくれなかった同僚の協力を得る

　田中さんは設備の検査方法の解説書が少しわかりにくい、と感じていて、トラブルを防ぐためにも、わかりやすく改訂したいと考えています。ようやく了解を取り付けましたが、改訂は形だけで、田中さんの満足する内容になっていませんでした。

《ケース・スタディ 4-②》
事例 了解したのに説明書の改訂を形だけしかやらない担当者を動かす
〈これまでの田中さん〉
田中　……というわけで解説書を作りかえたいのです。担当している設備の解説書の文章を考えていただけますか？
担当　今のままでもいいんじゃないかな。
田中　解説書をよりよくすることは会社のためでもあるんですよ。この設備はあなたの担当なんだし、詳細を知っているのはあなたしかいないんだから。

➡　理詰めで「あなたがやるべき」を受け入れさせる、敵対の会話を開始。

田中　それに、万一トラブルが発生したら改訂を断ったあなたが責任を問われますよ。だから、あなたのためでもあるんですよ。

➡　正論で追い込み、相手を「仕方なく」同意させた。

担当　わかりましたよ。（嫌だけど、しかたがないな）
田中　他の部署は1週間で案をくれることになっています。1週間後でいいですね。
担当　ええ。
田中　約束しましたよ。
　　　（あれだけ納得できるように話したから大丈夫だろう）
担当　（弁が立つやっかいな奴だ。まだ1週間ある。とりあえず後にしよう……）

問題点の概要

　会話は、説得相手にいかに条件を飲ませるか、会話はどちらが勝ちかの敵対関係で進んでいます。
　田中さんは理詰めで自分の意見を認めさせることを「納得」と考えており、相手は「追い詰められて仕方なく」合意しています。
　しかし、嫌々ながら従っている担当の資料は「約束を守る最低レベル」になってしまい、田中さんが望んでいた「わかりやすい」説明資料は作成されませんでした。

〈これからの田中さん〉
田中　お忙しいところいつもありがとうございます！

➡　ラポールを創り出す。時間をいただくのが2回目以降なら「いつも」でラポールを補強。

田中　先日の件です。お忙しくて「じゃあ、やりましょう！」という状況でないことを理解しました。

➡　ラポールの強化。現実の解決を話し合うために、自分に不利な内容でも事実に基づいて話をする。

田中　私もまだ具体的な方法はわからないのですが、仮にもし何も支障がないとしたら、解説書を改善したほうがいいと思いますか？

➡　「自分もわからない」の自分を守らない自爆発言でラポールを創り出す。「仮にもし」で現実の判断を避けて本音を話してもらう。

担当　どちらかっていうのなら、改善するほうがいいよね。

➡　大きな方向性は合意できた。何らかの合意があることで、次の合意が容易になった。

田中　そうですよね。でも「じゃあ、お願します」というのは実際むずかしい。例えば、どういう条件があればできそう、とかありそうでしょうか？

➡　同意。ラポールの強化。「例えば」で現実の判断を避けて議論を進める。広い質問で自分の知らない情報を教えてもらう。

担当　そうねぇ。専門的なところはむずかしいでしょうから、担当となればこちらなのだけど。今、締め切りが近い案件があって手を出せないんですよ。

➡　できない原因を共有してもらった。ただし、返答の内容が本当の理由でない場合を考えて、さらに確認をとる。

> 田中　なるほど。それなら無理ですね。でも、仮に「その次に」っていっても、また別の案件が入ってくるのでは？
>
> ➡ 今の案件が終わったところに割り込んでも、現実にできないなら意味がない。現実に解決を進めるために欠点は先に出していく。
>
> 担当　そうなんですよ。
> 田中　だったらむずかしいですね。……例えば、2時間くらいの時間をどこかでいただくことってできます？
>
> ➡ 全部お願いするのは無理と判断。2時間ならまとまった議論が可能なので、議論で対処できる方法に切り替えた。「例えば」で現実の判断を避けて議論を進める。
>
> 担当　週に1回くらいでしたら可能ですよ。
> 田中　そうしたら、その時間だけ集中して議論する方向でいかがでしょう？　資料の体裁を整えるのは私がやりますから。
>
> ➡ 「方向」で現実に直面する判断を避けて議論を進める。現実にできることで最大の提案をする。
>
> 担当　そうしてもらえると助かります！
> 田中　こちらこそ！　では、来週の火曜日に……。

　完成まで1か月、2か月の長い時間が必要な共同作業は「協力」と「信頼」が必要です。たとえ、職務上、相手の分担でもできないものはできない。ラポールを絶やさないようにしながら、本音を共有しつつ、**現実に実行可能な解決方法を合意**できるように進めれば、あなたの周りに真の協力者が集まる状況が創れます。

5 説教しても勉強しなかった子どもが自分で勉強を始める

　田中さんには小学校5年生の男の子がいますが、遊んでばかりで勉強しないために成績が落ちています。
　田中さんは子どもに勉強の必要性を説教し、子どもも「勉強しなければいけない」ことを納得しているのに、やはり勉強をしません。
　田中さんの声かけの何をきっかけに子どもは変化したのでしょうか。

《ケース・スタディ 5-②》
[事例] 約束しても勉強しなかった長男が勉強を始める
〈これまでの田中さん〉
田中　（しっかり勉強が必要なことを納得させよう）
　　　なぜ約束したことを守らないんだ。勉強をしなくていいと思っているのか？

➡　敵対の会話で開始した。

長男　しないといけないことはわかっている……。
田中　だったらなぜ勉強しないんだ？

➡　相手を理詰めで追い込んだ。

長男　ごめんなさい。

➡　ラポールはなく、長男は本音を語らない。

> 田中　今度はきちんと約束を守れるか？
> 長男　わかった……。

問題点の概要

　田中さんは理詰めで子どもを追い込み、「勉強する」ことを約束させています。子どもも頭では勉強の必要性はわかっていますが、気持ちが「勉強したい」になっていないため、勉強を始めることができません。
　田中さんの目的が「子どもが勉強する」から「わかった」の言質を取ることに変わってしまっています。

> 〈これからの田中さん〉
> 田中　（あっ、宿題をしている。チャンス！　子どもの「勉強している」理由を創ろう）
>
> ➡　言質を取っても実際の行動が伴わない説教は意味がない。自主的に勉強をしている場面を待って、勉強する理由を強化する方法を使う。
>
> 田中　すごいな！　なぜ、言われないのに勉強しているの？
>
> ➡　「すごいな」の承認でラポールを創り出す。「なぜ」で勉強をしている理由を聞くことで、相手が理由を作る手助けをする。
>
> 長男　宿題はきちんとやらなきゃいけないんだよ！
>
> ➡　とっさに出た言葉だが、自分で言ったことで自分の意見（理由）だと感じる。

田中　けっこう量があるのに頑張るなぁ！

➡　頑張る姿勢を褒めて、勉強する理由を強化する。

田中　でも、テレビ観るほうがいいんじゃない？

➡　否定をすることで理由を強化する。

長男　ダメだよ。テレビは宿題を終わらせたあとだよ！

➡　自ら理由を述べたことで勉強する理由が強化された。

田中　そうか！　すごいな！

➡　ラポールの強化と励まし。

田中　感動したのでご褒美を出すことにしました！　100点とったら1万円です！

➡　ゲームの要素を取り込んで、楽しめるようにする。

長男　そりゃ無理だって。
田中　もしかしたらとれるかもよ！

➡　「もしかしたら」で現実からいったん離れて「やってみる」方向性を打ち出す。

　「なぜできるの？」で、「できている理由を強化する」は、親も子どもも楽しみつつ成長できる方法です。他の例も同じですが、この例は本心

から「すごい！」と感じている状態で実践してください（口先だけの「すごい」は相手に不信感を生んでしまいます）。

　勉強、家事、将来に対する姿勢……子どもができているときに「なぜ」を問いかけた数だけ、子どもの可能性を増やせます。

新しい技術の提案で協力者を得る

　田中さんは、万が一、配管から蒸気が噴出しても安全が確保できるように、漏れた蒸気を配管を二重にして閉じ込める方法を考えました。ところが、蒸気の熱による配管の伸びが大きすぎて設計ができません。そこで、蒸気の熱による配管の伸びを逃がしながら、大部分の蒸気を閉じ込められる配管の二重構造を提案することにしました。

《ケース・スタディ 6-②》

事例 懸案事項を解決しても技術力を認めない客先を味方にする

〈これまでの田中さん〉

担当　ご提案の構造ですと、蒸気が閉じ込められずに漏れてしまいます。

➡　製造側は純粋に意見を述べている。

田中　本件の目的は安全の確保ですよ。全部閉じ込める必要がないのは明白です。

➡　相手の発言を否定することで対立の方向へ。

担当　しかし、前例がありません。許可が出なかったらどうするんですか？

➡　対立から、製造側の否定的なコメントを誘発することになった。

154

田中　それはこちらが担当する部分だから、そちらが心配しなくていい。

➡ 対立が次の対立を起こすサイクルが始まった。

担当　でも、最終的に設備を作るのはこちらなんですよ。
　　　（田中さんは正しいのかもしれないけど、なんだよ、一方的に……）

田中　これ以上話しても平行線だから議論は止めましょう。こちらが責任を取りますから、指示どおりに計算書を作成してください。
　　　（なぜ、これくらいすぐにわからないんだ？）

➡ 対立のまま、田中さんは力関係が上であることを利用して議論を決着させた。

問題点の概要

　組織上の責任分担もルールどおりに決着していますが、田中さんが力で押し切った合意であるため、対立が発生し、協力関係はありません。
　この状態では、もし、構造設計や現地施工で大きな問題になる予兆があっても、情報が共有されない可能性があります。

〈これからの田中さん〉
担当　ご提案の構造ですと、蒸気が閉じ込められずに漏れてしまいます。
田中　そうですね。ご指摘のとおりです。漏れが発生します。

➡　同意によりラポールを創り出す。

田中　ところで、今回要求されている漏れは、例えば、具体的にどういう漏れの程度だと記載されていますか？

➡　現実の判断に直面する言い方を避ける。

担当　安全が守れる、とありますね。
田中　すると、漏れの量はゼロでは……

➡　結論を相手からもらって、新しい考え方への抵抗を下げる。

担当　ゼロではありません。
田中　なるほど。ゼロではない、ですね。

➡　同意によりラポールを強化。自分の意見を相手の意見として聞く。

田中　では仮に、漏れをゼロかいちばん漏れている状態にだんだん近づけるとして、安全が守れるのは、例えば、何で評価できますか？

➡　漏れがゼロでなくていいというフレーミングと思考のナビゲーションを間接的に開始。
➡　「仮に」「例えば」で現実の判断に直面する言い方を避ける。また、現実の条件を外すことでこれまでにない対策を引き出す。

担当　部屋の温度や湿度が計測されていて、それらで評価可能です。
田中　なるほど、部屋の温度や湿度で評価可能なんですね。

第Ⅴ章　エンジニアの話し方はこう変わる！

➡　同意によるラポールの強化。

田中　では、例えば、どれだけ漏れれば制限に達するのかって、計算ができますか？

➡　「例えば」で現実の判断に直面する言い方を避ける。

担当　できますよ。部屋の温度や湿度の制限値から算出できます。
田中　では、それで設計する方向でやってみませんか？

➡　「方向」で現実の判断に直面する言い方を避けつつ合意を図る。

担当　そうですね。
　　　もし、この方法で許可が出なかったらどうしましょう？
田中　そうですね、その可能性はありますね。

➡　同意によるラポール。自分の都合によらず事実はそのとおり認める。

田中　他に何か方法がありそうですか？

➡　自分を守らずに意見を聞く。

担当　う〜ん、ないですね。

➡　自分の意見を相手の意見として聞く。

田中　なるほど。では、しばらくこの方法で行ってみませんか？

➡ 「しばらく」で現実の判断に直面する言い方を避ける。

担当　そうですね。
　　　（田中さんと議論すると効率よく結論が出るから助かるな）
田中　では、具体的に、ですが……

➡ 合意ができたので計画を具体化していく。

　技術はどの経緯をたどっても「行きつく結論」は同じ場合が多いものです。しかし、双方が満足して決着すれば、協力関係で仕事を進めることができます。
　田中さんは好きな技術の仕事を楽しみながら、双方が満足する関係性を構築できています。

ルールでは許可されない技術の申請を可能にする

　国立公園で看板を立てる場所、形、色を申請する場合を考えます。通常は看板を立てた後の具体的な数値等に基づいて許可を申請しますが、現状は具体的な場所、色、寸法の数値が決まっていない状態です。
　田中さんは、工事完了時期を考えて、具体的な数値が決定する前に工事を開始したいと考えています。

《ケース・スタディ 7-②》
 事例 計画が未定のため認可してもらえない工事を認可してもらう
〈これまでの田中さん〉
田中　看板を立てたいのですが、現時点で場所と色や寸法がまだ決まっていません。
担当　では、決まってから申請してください。
田中　場所は移動してもせいぜい 0.5 m です。大きさは 1 m くらいで、色もそれほど変わるわけじゃありません。

➡　相手の意見の否定から入り、対立を始めてしまった。

担当　ダメです。
田中　そもそもの許可の意義は"景観の維持"じゃないですか！　そこには影響しないのになぜダメなんですか？

➡　相手を否定することで対立を深めた。また、「なぜ」でダメな

理由を尋ねることで、担当者の否定の理由を強化してしまった。
担当　規則に従ってください。
田中　（何だよ、いったい！）

問題点の概要

　田中さんの工事の開始時期などのニーズは、担当者には関係がないため、協力して解決しようという姿勢が弱く、対立関係になりやすい状況です。
　その状況で、田中さんは、担当者の返答を否定するなどし、対立を深めており、さらに、担当者が提案を否定する理由を尋ねて否定の理由を強化してしまっています。これでは取りつく島がありません。

〈これからの田中さん〉
田中　看板を立てたいのですが、現時点で場所と色がまだ決まっていません。
担当　では、決まってから申請してください。
田中　そうですよね。例えば、申請してから変更、というのは可能ですか？

➡　同意でラポールを創り出す。現実の判断に直面する言い方を避けて解決策を探る。

担当　可能です。でも、変更がわかった時点で申請をやり直してください。その場合、申請の変更完了まで工事はダメです。
田中　なるほど。変更というのは、場所が少しでもズレたらダメですか？

第Ⅴ章　エンジニアの話し方はこう変わる！

➡　同意でラポールを強化。判断基準の情報を集める。

担当　ダメです。申請どおりに工事をしてください。
田中　なるほど。申請どおり、ですね。例えば、もし、もともと申請書に記載したのがぴったりの場所じゃなくて"このあたり"だったら、申請書どおりってことになりますか？

➡　同意でラポールを強化。「例えば」で現実の判断に直面する言い方を避ける。「もし」で既存の制限条件を外す。
➡　記載結果の判定の議論で結果を得るのはむずかしいと判断し、申請書の記載の仕方へ焦点を移す。

担当　程度問題ですが……。
田中　（着地点が見つかった！　工事ができるように申請できればOK！）
　　　なるほど、程度問題ですね。おおむねで言えば、例えばどの程度なら？

➡　同意でラポールを強化。「おおむね」「例えば」で現実の判断に直面する言い方を避けて、申請ができるという前提で話を進めるフレーミング。

担当　10％以内の数値なら。
田中　なるほど、10％ですね。例えば、具体的に言えば、建物からの距離の10％とかでしょうか？　申請書には今検討している数値を書いて、補足で「当数値の±10％以内の数値とする」とか記載するというイメージでしょうか？

➡　同意でラポールを強化。「例えば」で現実の判断に直面する言

161

> い方を避ける。申請に使える内容をクローズド・クエスチョンで具体的に確認していく。

担当　そうですね。
田中　ありがとうございます。では例えば、色が緑なら、緑色から大きく変わる場合は変更申請する、と記載する感じでしょうか？

➡ ラポールを強化しつつ、残りの事項も確認して確定しておく。思考のナビゲーションで申請内容を具体化。

担当　そうですね。
田中　ありがとうございます。では、その方向で申請書を作成してお持ちします。

➡ 「その方向」と表現しているが、具体的な内容はすでに確定している。

　会話は「相手の頭の中の画像と同じ画像が見えるまで」聞ければ、突破口が開けることがよくあります。
　取りつく島のない相手も、ラポールで会話を継続しながら「解決の糸口」が見つかるまで頑張ってみましょう。

　あなたの技術が世の中に出て社会の役に立つのか、許可されずに開発されなかったのと同じことになるのか、あなたの「許可の申請」の確認の仕方＝「話し方」にかかっているのです。
　あなたにとっては、「生き残れるエンジニア」になれるかどうかの勝負所です。

エピローグ

ラポール(伝える力) × 技術力 = 最強のエンジニア！

話し方を練習していると乗り越えられない壁に突き当たり、「自分に才能がないから身につかないんだろうか？」「歳をとりすぎていて変われないのではないか？」「ほかの人には効果があっても自分には効果がないかもしれない」といった不安にかられることがあると思います。

　そこで、エピローグではそういった練習の不安を乗り越えるために役立つ情報をシェアしたいと思います。また最後に、皆さんが楽しく、ラクに仕事で成果を上げることができる「話し方」誕生の経緯をシェアします。

「出会って30秒で仲間のように話せる」ラポールの練習

　ラポールを習得する道のりは、皆さん似たプロセスをたどります。これから習得しようとしている人が「無理かも」と感じたときに役立つと思いますので、習得までの経過をみなさんにシェアします。

　最初のラポールはコンビニの店員を笑顔にするような「知らない人とのラポール」です。意外に思われるかもしれませんが、知らない人とラポールを築くのは、ラポールのうちで最も簡単なのです。

　次に簡単なのは、「話す機会が多い職場の人とのラポール」。その次が「取引先や時々話をする職場の人とのラポール」です。

　この段階になるとラポールの難易度が上がるので、「ラポールがうまく築けない」場合が出てくるようになります。ラポールの手順を踏んで和やかな雰囲気で会話していても、なんとなく「心が通っていない」と感じるのです。

　その原因は共通しています。

　「うまくラポールが創り出せるだろうか？」という心配なのです。

　うまくいくかどうかの心配は、相手より自分が気になっている、つまり相手より自分を優先して（自尊心を）守りたい意識があるからなのです。これが相手の心を閉ざしてラポールを消滅させてしまいます。

　一方で、話す側は「相手のことを考えてラポールを創り出しているつ

もり」になっています。

　皆さん、この段階で、意識していない意識の奥底に残る「<u>自分を守る気持ち</u>」を完全に捨て去ることができるか？　という課題に直面します。人生で何度もないような自分との対峙です。

　「自分を守っていないと思っている自分が、無意識に自分を守っていないかどうかチェックする」のですから、「自分を守る気持ち」に気づくことは、自力だと10年とか20年かかるくらいむずかしいのです。

　それではさすがに時間がかかりすぎるので、週に一度、オンラインミーティングでそのときの気持ちの動きや無意識に発した言葉から、意識の奥底を理解するプロセスを繰り返し、だいたい2〜3週間で解消します。

　自分を守っている意識に気づくと、「自分を守らないようにしよう」と思うのですが、つい会話の場になると自分を守ってしまいます。自分をまったく守らないという状態に不安を抱き、つい自分を守っているとラポールが創り出せず、結局のところ自分を守れないのです。

　そこで、そのつど実際の会話を書き出し、オンラインミーティングでフィードバックを行いながら、何度も日常的にチャレンジを繰り返すことで、恐怖を乗り越えてラポールを創り出せるようになっていきます。

　本当のラポールが成立した瞬間、これまであなたに批判的だった人物の批判がなくなり、心のつながりを実感できるようになります。そして、真の自由を体感して泣き出す人、開放感の幸福に浸る人……感動の瞬間です。

　私も毎回感動します。

　この段階に達すると、家族ともラポールが創り出せるようになり、それまでできなかった子どもとありのままの会話ができるようになります。

話し方の練習は今のあなたのままでいい

「会話が苦痛でしたが、今は楽しくてテンションが上がってます」

「これまで依頼してもやってくれなかったのに、今では向こうから助けてくれます」

この状態になるのに、自分のどれくらいの部分を変えなくてはいけないのでしょうか？

実は、**今の自分の98%は変えなくていい**のです。

私は、話し方を学ぶポイントは、「**できるだけ変えるところを少なくする**」ことだと考えています。

というのは、30年、40年と使ってきた自分の話し方を白紙状態にして、新しい話し方で会話するなんて負担が大きすぎて定着しないからです。

話し方は山登りと似ています。

山を登るのに道は1つだけではなく、たくさんのルートがあります。

山のガイドブックには代表的なルートが掲載されていて、もちろん、そのルートをたどっている場合はそれでいいのだけれど、気づけば、山の反対側のルートを登っていることだってあります。

そんなとき、登ってきた山をいったん下りてガイドブックのルートで再び登るのは大変です。目的地に行けるのなら、「**自分の思ったルートで山に登れればいちばんラク**」なのです。けれどもルートがわからなくて、今いる場所をぐるぐる回ってしまう人もいます。

だったら、どうするか？

ガイドがいて、「この方向ですよ」と少しだけアドバイスをしてもらえれば、効率よく頂上に向かうことができるはずです。

道に迷っていた原因は、人によって違います。

地図を持っていなかったり、地図の見方を知らなかったり、方位がわかっていなかったり、あるいは雲の流れる方向に向かうことにしている、とかの想像もつかない勘違いが原因かもしれません。

でも、原因を発見できれば解決は簡単です。

例えば、地図を持ってもらう、山をいったん下らなくてそのまま登ればいい、山登りの装備も今のまま使える……ほんの少し、それまでのやり方を変えるだけで済みます。

成果保証でモチベーションを維持する

「エンジニアの話し方革命」の研修方法は、私自身がいろいろな研修を受けて感じたことが出発点になっています。

> - 「100人中90人に効果があります」 ➡ 100人中1人にしか効果が出なくてもいいから、自分に効果がある研修を受けたい！
> - 「相手の気持ちを考えて……」 ➡ 具体的に何をして何を確認したらいいんだ？ 実践的なフィードバックが欲しい。
> - 「研修を受ければモチベーションが上がり、続けられます」 ➡ しばらくはモチベーションが続くのだけれど、成果が出るまで続かないんだよな。

理想は、受講生の100％に人生が変わるレベルで結果が出て、研修のあとも学習意欲が継続する能力を与えられることです。

受講生の100％に効果があるなんて無理って思うかもしれませんが、3か月のブートキャンプでは81時間、対面で話をしています。それ以外に文章でシェアされたすべての報告にフィードバックがつきます。

表面的な行動だけではなくて、ほぼ毎日、「なぜその行動を起こし、どう感情が動いたのか」という深いレベルでフィードバックを行います。

自分の話し方をカイゼンしたいという想いのあるエンジニアが、これだけ練習すれば、結果が出ない理由がありません。

教える側も相当な労力を要しますが、「トレーニングが好きなエンジニアが行っている」から可能であって、会社の研修にはない強みではな

いかと思います。

　さて、受講者は成果を出せるという自信が身につけば、自分の話し方の能力を使うことが面白くなって自ら実践していくようになります。そうなると、「いったん起こった変化は永久に続く」のです。
　一般に研修は、出席するとモチベーションが高まるものですが、多くは1週間もすると元にもどってしまいます。「変わらなければ！」という自分の外から自分の内面を変えようとする力には限界があります。
　例えば、「将来のために勉強しなければ！」はその典型です。必要なことは十分にわかっているのに「なぜかいつも」モチベーションはすぐに消え去ってしまいます。
　一方で、「変わりたい！」という自分の内から発する力は消え去りません。日常の例でいえば「ゲームをしたい！」が典型です。「ほどほどに止めなければ！」とわかっていても、つい「もう少し」「あと1回」と、空き時間を見つけてプレイしてしまいます。
　「変えなきゃ」と「変わりたい」はこんなにも違うのです。
　ですから、話し方に成果が出ることが保証されていると「やれば本当に手に入る！」となり、「もっとたくさん！」という、より強い継続の動機になるのです。
　そうした理由で、「話し方」は、個人（少数）に深くかかわって行う研修が適していると私は考えています。

50歳でも3か月で人生が変わる

　「個人（少数）と深くかかわる研修」を行うようになって気づいたことがあります。
　本書はこれから長い時間を送る35歳のエンジニアに向けて書いていますが、話し方を学ぼうと決心するのは35歳と50歳にピークがあるようです。

人は「自分や行動を変えたくない」という強い欲求を持っています。

以前の私は、男は50歳をすぎると価値観も行動も変わらないと考えていたのですが、実際にはそんなことはありませんでした。

50歳で話し方を学びに来る人は明確な理由を持っています。

これまで10年、20年努力したけれど、満足のいくコミュニケーションができなかった。まもなく会社生活は終わるし、そのまま社会生活も終わるだろう。社会とかかわることも、社会への貢献もできず、このまま人生が終わってしまう……。

これは「もっとよくなりたい」という向上心より、はるかに切実で強烈な想いです。

セミナーで私がエンジニアの受講生に決まって聞くことに、「自分自身に自分が変わっていい許可を出せますか？　過去の記憶は持っていけますが、これまでのあなたはいなくなりますよ？」があります。

「このまま納得がいかない人生が終わるのなら、自分は今から変わってもいい！」、そう決心できるのならば、50歳でも3か月で別人のように変わります。

変わるきっかけは悲壮な決意から始まるのですが、研修の過程で「変化の面白さ」を実感し、「もっと変わりたい」に変わるのです。

また、セミナーは少人数で深い研修をしますから、一緒に研修を受けた人たちは、家族よりもお互いを理解するようになります。学生の頃、人生について夜通し真剣に語り合ったように、まさしく第二の人生をスタートさせる出来事です。

話し方で働き方を改革する（仕事の効率）

人は、ラクで楽しいことなら続けられ、逆に苦痛を感じることは避けようとします。

その視点で見れば、「やらなければならない重苦しい感じの働き方改革」は、改革を継続できずに失敗に終わります。

働き方改革を成功させるには、「楽しい」「ラクになる」という実感があるとよいのです。
　実は、私の「話し方革命」は、私自身の残業を減らしてラクになるために編み出したメソッドなのです。
　当時は本当に忙しく、心から「ラクになりたい！」と思っていました。改革できなければ「10年後の自分は過労で死ぬかもしれない」「何とかしたい！」という強烈な動機がありました（だから、自分の自由になる時間、費用のすべてを注ぎ込めました）。
　本書はラポールを根幹に置いています。ラポールを創り出せるようになって、「何も守らない状態になると話し方が変わる」のです。そうなる理由は、物事をありのままにとらえ、受け入れることができるようになるからです。
　すると何が起こるかといえば、「働き方の変化」なのです。
　私たち（エンジニア）が忙しい原因は、やらなくてはならないことが多いからですが、多くのやらなくてはならないことは「私たち自身が創り出している」のです。
　「この資料は正しいだろうか？」「この資料を提出したら部長はなんて思うだろうか？」といった悩みに時間を費やしています。
　しかし、ラポールが築けるようになると解決は簡単です。
　「私はこういう方向で資料を作成しようと思うのですが、何か問題はありませんか？」と聞けば終了です。
　ラポールが築けるようになると、自分の保身のために「何かを言う・何かを言わない」ということがなくなります。また、相手に尋ねることで相手を怒らせることがなくなります。
　「聞く」はその内容も大切ですが、ラポールを創り出すことで「聞いても大丈夫という環境を整える」ことができるようになることが大切なのです。

資格はこう使えばあなたを助けてくれる

多くのエンジニアが向上心をもって、忙しい日々のなかで資格取得の努力をしています。エンジニアにとって資格の存在は大きく、**資格があなたを助けてくれる使い方を知っておくことが大切**だと思いますので、その考え方を紹介します。

本書では説得力を増すために資格をとると、「会話の攻撃力が増して逆に対立や孤立が起こりやすくなる」ということを説明しました。実力派の上司やベテランエンジニアからすれば、「自分のほうが実力が上なのに、相手が自分より上の資格を持っている」のが面白くないのは当然です。

では、資格を取るとダメなのかというと、そうではありません。資格を正しく活かせばよいのです。

もし、あなたが相手から「私はこの分野の専門家なのだから、あなたは私の意見に従いなさい」と言われたら？　あなたは反発すると思いますが、逆に専門家から「意見を教えていただけませんか？」と言われたら？　好意を抱くでしょう。

承認はラポールを創り出します。専門家に承認されると、より強いラポールが創り出せるのです。同様に、専門家が「すごいですね！」を口に出して伝えることは、強い承認になります。

つまり、「自分を守り相手を攻撃する（相手の意見を変えさせる）ために」資格を使うのは対立や孤立を深めてしまいますが、**ラポールを創り出す承認など「相手のために」使う場合は効果を発揮する**のです。

資格を取ることはよいことだと思いますが、資格を持っていさえすればいいことがある、ということではありません。資格は正しい使い方をすることで、あなたを助けてくれるのです。

話し方で働き方を改革する（人間関係）

　私たちは間違いに気づいても、素直に間違いを認めたり、行動を修正することがむずかしい場合があります。
　「あっ、自分が間違えていたな」と頭の片隅で認識しても、「そのままで何とかしたい」と考えるのです。当たり前ですが、間違っている状態の仕事に注力しても成果が出ることはなく、無駄な仕事のために仕事の非効率を引き起こします。
　一方、ラポールが創り出せるようになると、自分を守らなくなります。自分の間違いに気づいても、**「間違ってました。訂正します」と発言することに抵抗を感じなくなる**のです。
　ラポールを使った仕事の方法を経験すると、「俺は今まで誰も気にしていないことに、なぜあんなに固執していたんだろう？」と過去のこだわりのくだらなさにおかしさを感じたりします。
　エンジニアに悩みを聞くと、「上司、部下とうまくいかない」という悩みが多いようです。それぞれにうまくいかないもっともな理由を持っています。
　「上司がいつも否定的」
　「上司が私を嫌っていてつらくあたる」
　「上司である前に人間的にどうかと感じる」
　それが、ラポールを築けるようになると感想が変わってきます。
　「上司は私の仕事を助けてくれる」
　「すごくいい人です。上司というより仲のいい友人です」
　この変化は、上司とラポールが築けるようになった日を境にして突然起こることがあります。
　研修では、「いい人って言ってますけど、あなたの上司、人間性に問題のある悪い人だったのでは？」と爆笑することもしばしばです。

話し方で働き方が変わる原理

最後に、話し方で働き方が変わる原理についてお話しします。

働き方を改革するために新しい取り組みを始めるというのは、アプリケーションが多すぎて速度が遅くなっているパソコンに、さらにアプリケーションを追加するようなものです。パソコンへの負荷が増して、ますます速度が遅くなってしまいます。

では、どうすればいいか？

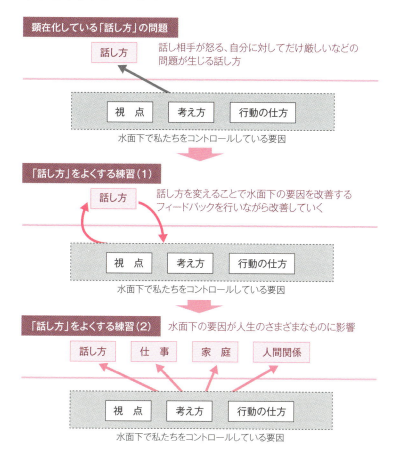

アプリケーションはそのままにして、OS（基本ソフト）を処理速度の速いものに変えればいいのです。
　スキルはアプリケーションにあたります。あれば便利ですが、解決の本質ではありません。
　OSに相当する「視点」「考え方」「行動の仕方」を変えることが重要なのです。
　前ページの図は、「話し方」と私たちのOSにあたる「視点」「考え方」「行動の仕方」の関係です。
　「話し方」の習得を通じて、「視点」「考え方」「行動の仕方」を変えていくのです。
　これにより、「話し方」を習得することで、仕事の仕方や人間関係など、人生にかかわる広い範囲でよい効果が出てきます。

ラポール（伝える力）×技術力＝最強のエンジニア

　いかがでしたか？
　伝え方は、技術と違って3か月程度の短い時間で身に付けることができます。
　本書の内容を学んでいただくことで、エンジニアの皆さんが会話のストレスから解放され、技術で活躍する一助となりましたら著者として心からうれしく思います！
　最後に、企業（従業員数約5,600人）の管理職研修でのアンケート結果を紹介します。

《参考資料》

管理職研修のアンケート結果

Q1 研修時間（4時間）に見合った効果があると感じますか？

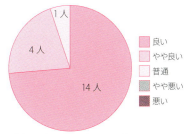

※普通の1名は途中退席のため、効果がわからずと返答

《感想例》
- 説明時間が短くなることで十分投資効果がある。
- 説明が理論的で納得できた。
- 部下との接し方にとてもよいヒントになった。
- 例文の改善例が参考になった。
- 着眼点や考え方、発想が意識の改革につながった。

Q2 担当者（管理者）教育としてよかったと感じますか？

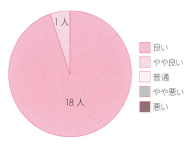

《感想例》
- 技術的に正しい説明をしても通らないことが多々あることを感じていた。
- 説明の工夫で相手の了解を得ることの大切さを認識した。

- 講義の内容が今まで聞いたことがなくとても新鮮だった。
- 実例を挙げ、実習することの有意義さを感じた。

Q3 研修は楽しかったですか？

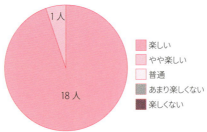

　楽しい趣味なら没頭できるしできるようになりますよね。研修も趣味と同じくらい楽しめることが理想だと考えています。4時間の研修はあっという間です。

あとがき

　私が「話し方」の改善を始めたきっかけが、実は「話し方」が発端ではなかったとしたら意外でしょうか？

　本書は成果が早く表れやすい「話し方」を解説していますが、もともとは、私が仕事のオーバーフローで過労に陥った長時間労働を一気に解消するために生み出した「働き方」の改善方法です。

　「話し方」を習得できると、「話し方」に困らなくなるだけでなく「**仕事が効率よく片づく**」ことに気づきます。仕事もコミュニケーションも、「自分の視点、考え方、行動の仕方」が相手に反射して返ってくるものですから、何より大切なのは、話し方の練習を通して「**自分自身を整理すること**」なのです。

　「話し方」の面白さに出会ってから、技術一辺倒だった私の人生観は大きく変わりました。相手を怒らせていたエンジニアの話し方がうまくなり、行動が変わり、人生そのものがラクに楽しくなっていく過程に携われるのです。これは奇跡のようにワクワクする体験です。

　最初の頃は、技術は物理法則に従って決まった答えが出るため、話し方と相容れないのではないか、と心配していたのですが、まったく問題がないことがわかったのも面白い発見でした。むしろ、話し方は理論的な考えと相性がよく、エンジニアに向いていると感じます。

　世の中にはコミュニケーションを扱った本はたくさんありますが、生まれつきコミュニケーションの才能があるから上手になれるのか、才能がなくても上手になれるのかわからない、もしかすると理系脳はダメなんじゃないか（だから学ぶ決心がつかない）と感じている人がいます。

　それについては、話し方に興味がなかった私が話し方を学んだ過程が、エンジニアの皆さんが話し方を学ぶうえで役立つのではないか、と

強く感じています。だから国内外問わず、講演、研修、個別指導、執筆を通じて、エンジニアの話し方を向上する活動を続けていきたいと考えています。また、効果がなければ意味がないので、私は「成果保証」で活動することを決めています。

　私は「話し方」を通じて、エンジニアが自身の持つ技術力を発揮できるようになり、豊かに幸せになること、それとともに、エンジニアが持つ技術でもっと社会に貢献できる機会を増やし、その変化が日本の製造業の効率化と活性化を成し遂げることにつながり、日本が科学技術立国であり続ける一助となることを切に願っています。
　ただ、私一人でできることは限られています。本書がご縁で一緒に歩んでいける皆さまと出会えますことを心から期待しています。

　最後になりましたが、出版の企画をはじめ、いつもご指導とお手本を示し続けてくださる星渉先生、本書を世に出してくださったマネジメント社社長の安田喜根氏とスタッフの皆さま、練習会で発声と姿勢を指導していただいている藤枝香織さん、動画を担当していただいている葛西綾子さん、日本技術士会金属部会のYES-Metals、技術士会修習委員会の皆さま、現職の原子力安全推進協会、前職の関西電力㈱の皆さま、コラムを掲載し続けてくださっている日本保全学会、原子力市民講座を主催しているSCE-NETさま、その他たくさんの皆さま、そして、私が成すべきことを受け入れてくれる妻祐子と3人の子どもたち、結衣、由貴、翔正に心からの感謝を伝えます。

《著者紹介》

亀山 雅司（かめやま・まさし）

1965年、兵庫県姫路市生まれ。5歳からエンジニアを目指す。

1990年、大阪大学大学院工学研究科溶接工学専攻修士課程修了。2005年6月工学博士（大阪大学）、2008年4月技術士（原子力・放射線）取得。関西電力株式会社勤務（1990年4月〜2018年9月）、大阪大学大学院招へい准教授（2008年9月〜2018年9月）。主に原子力発電設備の設計、許認可実務に関わる。現在、原子力安全推進協会に勤務。

技術畑一筋に歩んできたが、やがて35年間取り組んだ「技術の説明」の限界に直面する。その後、「技術の新しい伝え方」を探求し、2016年にそのベースとなる理論と伝授法を完成。話し方改革を通じてエンジニアを支援する活動を始める。2017年には200名のエンジニアに「話し方」を教える。2018年から、エンジニアの話し方パーソナルトレーニング、エンジニアの働き方が変わる「話し方の改善活動」を推進中。

本書の姉妹書に『最強のエンジニアになるためのプレゼンの教科書』（マネジメント社刊）がある。

《連絡先》

エンジニア専門プラチナトークのブログ：https://ameblo.jp/engineer-talk/
ホームページ：http://engineertext.com/
メール：contact@engineertext.com
ツイッター：https://twitter.com/engineertext
ライン ID：@engineertext

最強のエンジニアになるための話し方の教科書

2019 年 1 月 23 日　初版　第 1 刷　発行
2020 年 6 月 1 日　　　　　第 3 刷　発行

著　者　　亀山 雅司
発行者　　安田 喜根
発行所　　株式会社 マネジメント社
　　　　　東京都千代田区神田小川町 2 - 3 - 13
　　　　　M&C ビル 3 F（〒 101 - 0052）
　　　　　TEL 03 - 5280 - 2530（代表）　FAX 03 - 5280 - 2533
　　　　　http://www.mgt-pb.co.jp
　　　　　印刷　中央精版印刷 株式会社

©Masashi KAMEYAMA
2019, Printed in Japan
ISBN978-4-8378-0487-1 C0030
定価はカバーに表示してあります。
落丁本・乱丁本の場合はお取り替えいたします。